Un poco

Andrea Valeria

Un poco
más de...
amor

Guía astrológica para conseguir, dar o pedir amor

martínez roca

Diseño de portada, interiores e ilustraciones: Elisa Orozco

© 2002, Andrea Valeria Grautoff
Derechos Reservados
© 2002, Editorial Planeta Mexicana, S.A. de C.V.
Avenida Insurgentes Sur núm. 1898, piso 11
Colonia Florida, 01030 México, D.F.

Primera edición (Martínez Roca México): febrero del 2003
ISBN: 968-21-1235-4

Impreso en los talleres de Litográfica Ingramex, S.A. de C.V.
Centeno núm. 162, colonia Granjas Esmeralda, México, D.F.
Impreso y hecho en México - *Printed and made in Mexico*

www.editorialplaneta.com.mx

Love is
the only sane and
satisfactory answer
to the problem
of the human existence

El amor
es la única respuesta
sana y satisfactoria
al problema
de la existencia
humana
y todos queremos
Un poco más... amor

pena comprender lo que decían

'ich' (yo) y 'liebe' (amor) a

frecuentemente y eso me fastidia

ba cuando iba a ser pronunciada

pero a la oui con la misma exita

que habría sido como ha

ma especie de hechizo... Además

madre era generalmen

estricta y me había enseña

donde fui tuyo recuerdo de

a los niños no

Una historia de amor sin más

Mi madre y mi padre no tuvieron tiempo de casarse. Ella lo conoció ya viuda, cuando tenía apenas 26 años, y a pesar de nuestra gran intimidad, no fue hasta que me convertí en adolescente cuando me confesó que él le dijo lo que ella siempre había soñado escuchar de un hombre: "Quiero tener un hijo contigo".

Durante mi niñez, le pedía que me contara esa historia, la de su gran amor, una y otra vez, y cuando llegaba a la parte donde él le hablaba por teléfono y le decía: "Creo que me estoy muriendo, sé que tendrás una mujercita, prométeme ponerle el nombre Andrea", yo siempre lloraba. Ya sabía yo que él murió allí, hablándole por teléfono a ella, pero una y otra vez detenía mi respiración por si acaso llegaba un hada madrina que cambiara la historia y él, el héroe del cuento con algún encanto especial y único, no moría… aparecería. Nunca sucedió y la heroína de lo que se convirtió en "mi" cuento de amor, o sea mi madre, no flaqueaba hasta el final. "Él tenía muchos otros compromisos", contaba ella de vez en vez; decir esto o no, era lo único que podía hacer variar la historia, pero tenía la total certeza del porqué de mi nombre y de una intensidad fuera de lo común en esa relación, pues mi madre no mentía: "Sus compromisos no le impidieron hablarme a casa". Y yo, hasta el día que murió mi madre, no dejaba de hablarle si se lo había prometido; no podía existir en el mundo (en nuestro mundo), algo tan importante como para que yo me olvidara de cumplir.

Esa historia de amor, la de mi madre y mi padre, me la contaba ella siempre de la misma manera. No variaba y no duraba mucho, por el simple hecho de que su increíble y profundo amor tuvo poca vida. Unos meses solamente. Ellos se conocieron durante la llamada "vida loca" de los refugiados europeos famosos, a finales de la segunda guerra mundial, y se enamoraron profundamente a pesar de todo. Cuando él murió, ella tenía exactamente 107 días de embarazo y menos de medio año de conocerlo. Ella platicaba conmigo desde ese terrible día, el de la muerte, como si él estuviera presente, acompañándola. Mi madre era buenísima para contar historias. Tenía una bella voz, con un ligerísimo acento europeo cuando hablaba en inglés o en español.

Una voz clara y bien timbrada que hacía soñar y pensar a conocedores que ella era de algún país de Europa del Este, educada quizás en Inglaterra. Yo supe que su voz en alguna ocasión había conquistado al mismo Bertrand Russell, en una de las cenas a la que había asistido, cuando casada con su primer marido (un famosísimo escritor de los años treinta) le tocó sentarse junto al filósofo británico. La juventud de mi madre fue trágicamente impresionante; entre otras cosas ella había sido una joven actriz —entre los 11 y los 16 años— de cierta fama en la Alemania y se casó por primera vez a los 16 con un hombre que le llevaba 20, quien acabó suicidándose. Esto, pocos años antes de conocer a mi padre.

Ella me contaba la deslumbrante historia de amor entre "Christiane y Valerio", y a menudo, a pesar de mi corta edad, nos consolábamos y llorábamos juntas. A veces solamente ella echaba una lágrima y yo la confortaba o intercambiábamos pañuelos. No sé si en la infancia han visto llorar a su madre, pero es tan impresionante que de alguna manera, si existe suficiente amor, puede depositarle a uno (en ese caso a mí) una fuerza infinita. Al mismo tiempo, ella nunca me permitió olvidar el humor y a veces lográbamos hacernos reír, imaginándonos ser escuchadas por él, ese importantísimo personaje que nos había dejado solas, reforzando a la vez un lazo único y eterno con una risa.

De mi padre siempre supe que murió un 19 de octubre, día de un eclipse total de Sol (en Acuario) y el hecho que mi propia luna se encontrara dentro de ese signo al nacer, me parecía una señal personal de amor de parte de ese ser, convertido en algo casi sobrenatural, puesto que jamás lo conocí. Con el simple tono, los gestos faciales y los movimientos de mano que utilizaba mi madre al contarme la misma historia una y otra vez, yo estaba segura de que era un hombre maravilloso y tenía la plena certeza de que la había amado muchísimo; que yo era un producto de un verdadero amor; que él usaba corbatas de moño y que era del signo Piscis (ella fue astróloga antes que yo). Saber que era rumano y escritor no era tan importante como lo anterior, hasta que algunos amigos o conocidos se burlaron de mis conexiones "vampirescas" (los vampiros vienen de Rumania).

Yo estaba convencida de que él amaba el violín de Django Reinhardt porque tenía sangre gitana (y por consiguiente yo también). Resultó no ser cierto, él era rumano, sí, pero no gitano. Sin embargo, en aquel entonces eso me permitía soñar todo lo que quería, mentir un poco cuando se me ofrecía y sentirme siempre extranjera, estuviera donde estuviera. Y el hecho de nunca tener casa propia de niña me parecía normal. Los gitanos no tienen hogar, me repetía una y otra vez. Mi morada era esta historia.

De sus escritos lo que más me impresionó eran unos bellísimos pensamientos de amor hechos con su puño y letra para que mi madre los leyera mientras viajaba (generalmente en metro) hacia sus encuentros amorosos. Ella los guardaba. Eran unos pedacitos de papel de unos ocho centímetros de largo por cinco de alto, todos del mismo papel fino, algo singular y bastante grueso; tenían todos cierto olor a viejo y un color claro que no era precisamente blanco, y recuerdo que su consistencia era muy distinta al papel de todos los libros que estaban en casa o al de las cartas que llegaban. Estaban mágicamente bien cuidados, a pesar de los muchos años que llevaban guardados en una cajita guinda con bordes dorados, que a simple vista se veía mucho más antigua que los papeles que encerraba. Mi madre solamente me permitía tocarlos en momentos muy especiales y me los leía en su idioma original, en alemán.

Yo apenas comprendía lo que decían. Las palabras "Ich" (yo) y "liebe" (amor) aparecían frecuentemente y eso me bastaba. Sabía cuando iban a ser pronunciadas y las esperaba casi con la misma excitación que espera un niño un helado. Nunca me atreví a pedirle que los tradujera porque, cada vez, su lectura era algo extraordinario y cuando ella a veces respiraba profundamente o hacía una pausa un poco más larga de lo normal, quizá para recordar un momento personal o darse tiempo para reconciliarse con la mala suerte de haberlo perdido, no osaba ni a interrumpir ni a hacerle comentario alguno. Creo que habría sido como romper una especie de hechizo. Además, mi madre era generalmente muy estricta y me habían enseñado, desde que tengo recuerdo del tiempo, que "los niños no interrumpen".

Seguramente fue durante esas lecturas donde, entre otras cosas, aprendí la importancia del silencio.

Aún tengo las hojas. Y su cajita. Hace unos años las hice traducir y lloré de nuevo. Eran perfectas. Una o dos líneas tan bien escritas que podían ser aprendidas de memoria, o recordadas en una simple leída, que prometían (cada una de ellas) un poco más de amor… siempre. Las letras, las formas de las letras, me hacían sentir de niña que todo estaba en calma cuando todo a mi alrededor era bastante confuso; parecían tener un ritmo propio sobre los espacios blancos, la forma de lo escrito era bellísima y sus líneas gráficas eran tan interesantes que a los 11 años me compré dos libros de grafología, con dinero personal. Mío. Ganado vendiendo limonada en la calle.

Palabras hechas con pluma fuente, tinta de color café oscuro y realmente me parecían, y aún me parecen, lo más romántico del mundo. Para siempre, el hombre que habrá de conquistarme, tendrá que hacerlo con su propia pluma. Ahora recuerdo que era tal la impresión y la fuerza que me daba ver esas hojas, que ya a los seis o siete años, cuando debía confesar que aquel hombre que me recogía en la escuela no era "mi verdadero papá" (mi madre se casó varias veces después), nunca sentí vergüenza ni me sentía mal al confesarlo. Ella, mi madre, me inculcó una fuerza inmensa en el alma y, de alguna manera, esas hojitas eran la prueba de que todo estaba bien. Había amor, lo suficiente para hacerme saber que mi padre me quería mucho, muchísimo. Mi existencia se debía a eso, mi madre me lo había dicho y esta fuerza era de tal intensidad que nunca lo dudé. Además, yo sabía que aun sin conocerme, yo no necesitaba "más amor" de quien quería o pretendía ser mi padre. Yo tenía mi propia relación íntegra y completa con ese otro padre a pesar de las circunstancias.

Pero la percepción de las cosas cambia cuando uno crece. En la vida de adolescente y joven adulta, por supuesto que *un poco más... amor* es una sana necesidad diaria. Un coqueteo de jovencita, el primer beso de adolescente, ese sentimiento enloquecedor y ese escalofrío que da cuando el "muchacho que te encanta" te toma de la mano por primera vez ("no me sueltes, déjala allí un poco más"). Una despedida (que casi siempre parecía pérdida) de una buena amiga, el cierre de algún año escolar o el abrazo final de una maestra muy querida. Quiere uno simple y sencillamente un poco más, para que dure, para que no duela, para tener tiempo de investigarlo o de comprender cómo desearlo. De allí el título de este libro.

Debo confesar que de mujer me han recriminado alguna vez que no respeto al hombre amado lo suficiente porque "tú no sabes lo que es tener padre", me han dicho; pero nunca he hecho caso a eso. Sin embargo, los mejores amigos que tengo son del sexo masculino y salvo pequeños incidentes de niña, a la edad en que aún no se nos ha enseñado que no hay que ser crueles, yo sentí que sí tuve padre, que no necesitaba buscar alguien que tomara su lugar. No es que no me hiciera falta, pero la sabiduría de mi madre hizo que su presencia fuera tan fuerte y amorosa que no tenía yo que buscar algo más. Lo que le pasó a nuestro mínimo núcleo familiar, fue que mi madre me tuvo sola por que su pareja se murió. Pero él nos amaba. Ella parió siendo dos veces viuda, en un hospital rodeada quizá de gente que la apoyaba mucho, pero ella estaba sola. Y me hacía sentir, con una inteligencia que le agradeceré durante el resto de mis días, que ella y yo podíamos solas. Nunca borró su gran optimismo y amor, tanto por la vida como por esa hija que acababa de aparecer, a quien ella y él, mi padre, habían estado esperando. Me regaló la seguridad de saber que él compartió con ella, durante los pocos meses que estuvieron juntos, mucha alegría planeando mi arribo a este mundo. ¡Qué más se puede pedir! Poco más. Mientras que ellos disfrutaron el embarazo de mi madre, no pensaban ni en la muerte, ni en la soledad, ni en la falta que podría hacerle un padre a un hijo. Tan grande fue su amor que estoy segura de que mientras yo crecía en el vientre materno me invadió una fuerza descomunal. Algo mágico que me gusta pensar me ayudó, años después, a confrontar y conquistar toda dureza, carencias, y que reforzó la búsqueda de mi propia manera de amar. El cómo y cuándo dar o pedir amor, divertirse con él o simplemente interesarse en "ese poco más amor" que realmente vale la pena. O, en su defecto, ese poco más amor que uno cree menos valioso. La vida generalmente dura lo suficiente para que el resultado final quede claro. Lo que quiero compartir con ustedes es todo esto: lo vivido, lo amado, lo que conozco de las personas que han venido a consultarme con las preguntas más inverosímiles que se pueden imaginar, las más comunes o más difíciles, sumado a lo que he aprendido a través de mis lecturas y conocimientos sobre esos maravillosos doce signos del zodiaco y lo que ellos pueden ofrecerles. En resumidas cuentas, en cada ensayo de este libro, verán cómo pueden ustedes mismos abrirse un poco para aprender a dar o a recibir más amor.

Con el paso del tiempo, abandoné la confianza ciega que uno tiene en aquellas personas que nos nutren y nos educan, y comencé a hacerme muchas preguntas nuevas.

Hay quienes dicen que los únicos verdaderos filósofos son los niños, por las preguntas tan directas que hacen y hay quienes dicen que "la necesidad es un rasgo objetivo de todo el universo". De lo primero, estoy absolutamente segura, de lo segundo estoy totalmente convencida, a tal grado, que puedo afirmar que "cada signo del zodiaco (que encontrarán a continuación) pueden usarlo a su manera" y aunque la frase podría ser dedicada en especial para los nacidos bajo el signo de Virgo, todos tenemos ese mismo signo en algún lugar de nuestra carta del cielo personal, por lo tanto pueden usarlo dos veces: en lo personal y en el lugar de su pareja / espejo.

Yo hice buenas preguntas de niña y regulares conforme iba creciendo, preguntas que mi madre ya no podía contestar por el simple hecho de que a los

16 años me había ido de casa a conquistar "mi" mundo. Y aunque llevaba por dentro una fuerza infinita depositada en mí por esa maravillosa mujer que fue mi madre, mientras más vivía y conocía, más cuenta me daba de que todos necesitamos, queremos, deseamos y nos hace bien un poco más. Sobre todo si ese poco más es amor.

Esto no es tan difícil de aceptar y de entender si tomamos en cuenta lo dicho por un filósofo moderno:

"Somos organismos de reciente evolución hechos con materia muy elemental" [lo que se dice, *low tech*].

Colin McGinn

Si quieres hallar la palabra amor y tienes acceso al internet, en el buscador *google* encontrarás en 0.09 segundos (menos de una décima de segundo) 53, 660, 000 (cincuenta y tres millones, seiscientos sesenta mil) artículos relacionados con la palabra AMOR. Esta misma palabra, en la vigésima segunda edición del *Diccionario de la Real Academia Española* está definida, en primer lugar, como: "sentimiento intenso del ser humano que, partiendo de su propia insuficiencia, necesita y busca el encuentro y unión de otro ser". O "sentimiento hacia otra persona que naturalmente nos atrae y que, procurando reciprocidad en el deseo de unión, nos completa, alegra y da energía para convivir, comunicarnos y crear". La segunda definición me gusta mucho más, pero hay que considerar que en realidad, si hay cerca de seis mil millones de habitantes sobre la faz de la tierra, habrá seis mil millones de maneras de describir el amor. Y cada día con las aproximadamente trescientas mil y pico nuevas almas que nacen sobre la faz de la tierra, vamos teniendo nuevas opciones. Nadie podrá asegurarle a otra persona cuál de los billones de maneras de amar o querer ser amado es la mejor, ni tampoco podríamos convencernos de su razón. Sin embargo, entre esos millones de sitios relacionados con la palabra amor que regala el internet, aparecen (entre muchísimos otros sinónimos virtuales) entradas como: *Lenguaje del amor*, *Pruebas de amor*, *La labor del amor* (que tiene a su vez como subtítulos "Embarazo" y "Ser padres"), *Amor hacia los animales*, *Amor del hogar*, *Poemas y refranes sobre el amor*, *Amo el queso*, *Amor salvaje*, *Sitios de amor* (para obtener citas con el sexo opuesto), *Amor cristiano*, *Celebrar el amor*, *El amor y la lógica* (un sitio muy interesante que aparecerá con más detalle en uno de los capítulos siguientes), *Por el amor* de todo, *Producciones amorosas*, *Licuado de amor*, *Amor que vale la pena*, *Laboratorio del amor* y *Lenguajes del amor*. También aparece un sitio llamado www.ilovelenguages.com (yo amo los lenguajes) que permite acceder a artículos relacionados con todas las lenguas del mundo, recordándonos que declarar nuestro amor es un don del humano, algo que nos diferencia del mundo animal, aunque hay pájaros que se aparean para toda la vida y elefantes que aparentemente forman familias y lloran a sus muertos. Pero aún no he visto una carta de amor escrita por una jirafa, ni he oído a un grupo de colibríes llevarle serenata a la escogida de su alma.

Yo me dejo llevar por mi carrera (orgullosa contempladora de los astros) y quiero, en este conjunto de páginas, mostrarles lo que he aprendido durante los 37 años que tengo ejerciendo mi profesión.

Lo primero, el número uno, es que ustedes, tú, yo, todos, queremos un poco más de amor (entre otras cosas). Pero el querer un poco más es una tarea diaria. El bebé que llora y pide brazos, el niño que se abraza a las piernas de su madre o busca la mano de su padre, los adolescentes en descubrimiento de nuevas partes de su cuerpo, los jóvenes en búsqueda de alivio, parejas en búsqueda de más comprensión o tranquilidad, los habitantes de eso que algunos llaman la tercera edad que deberían tener más respuestas de las que tienen y que desean de la misma manera que Romeo y Julieta. Las noticias, las historias, los poemas, los encuentros, las diversiones y las alegrías, las pérdidas y las tristezas, los sueños y los deseos, los hombres y las mujeres, todos buscamos una expresión amorosa en el ciclo normal del día, pues es un reflejo de sentirnos vivos, de nuestra propia persona. Aunque a veces el que tiene pareja quisiera cambiarla, de la misma manera que quien no la tiene quisiera encontrarla, no existe quien no pueda obtener y resolver su propia manera de amar.

Y tengo la absoluta seguridad de que esto puede conseguirse de mejor forma utilizando una herramienta que nos pertenece sin tener que pedir nada. Una fuerza que es tanto real como mitológica y que cada signo astrológico nos ha concedido; simplemente por haber nacido bajo uno u otro signo se tiene un acceso tan oportuno y fácil como el de las décimas de segundo que tardé en ver que aparecieran los millones de sitios virtuales dedicados al amor. En su viaje alrededor del Sol, la Tierra deja una huella simplemente por haber estado allí.

Y el estar aquí es, sencillamente, una de las bendiciones de estar vivo. ¿Será que los signos nos evocan "su" amor cuando nos llenan de millones de posibilidades para recrearnos en ellos, para disfrutarlos? Estoy segura que sí.

El amor es la única respuesta sana y satisfactoria al problema de la existencia humana. (Y todos queremos un poco más).

No pretendo regalarles soluciones rápidas y eficaces para encontrar el ser perfecto que sea digno del amor que "uno" espera dar. Pero sí pretendo ayudarles a ver que no solamente queremos un poco más, también lo merecemos. Esto no es un manual de autoayuda, es más bien un conjunto de ensayos para que cada uno de los habitantes de cada signo astrológico (Aries, Tauro, Géminis, Cáncer, Leo, Virgo, Libra, Escorpión, Sagitario, Capricornio, Acuario y Piscis) se vean en el espejo de su ser mitológico, tomen el toro por los cuernos y se atrevan a pedir ese poco más de amor que a todos nos toca recibir y dar. O, dar y recibir, en el orden que crean conveniente, y esto a veces depende del día, del humor, de la casualidad. Cada signo tiene un común denominador identificable bajo el inmenso rubro de "amor". Así, como para llenar un cuestionario, ya sea para sacar un pasaporte o un permiso de matrimonio, nos preguntan si somos de tez clara, morena, morena clara, obscura o negra; de pelo lacio, rizado, rubio, café claro, rojizo, gris o negro azabache, y con estos datos nos catalogan (mi pasaporte es muy aburrido, dice regular para todo), de alguna manera los doce signos astrológicos tienen en su entorno mágico mucho que ofrecernos sobre nosotros mismos y sobre los que se cruzan en nuestro camino para querer o para amar. ¿Amor platónico? ¿Amor idealizado? ¿Amor libre? ¿Amor propio? ¿Amor casual? ¿Amor eterno? ¿Amor único? ¿Mil amores? ¿Hacer el amor? ¿Amor al prójimo? ¿Amor a dios? ¿Por causa del amor? Días de guardar y amores de cuidar. Amor escandaloso, amor engañado, amor pa' rato o amor de un rato. ¿Cuántas veces has usado tú, lector, algunas de las frases arriba mencionadas? Y al emplear alguna de ellas, ¿ha sido para la misma causa en cada ocasión? Lo dudo.

Es importante (a menudo), divertido (a veces), sosegador (de vez en cuando) recordar que el hecho de que alguien te diga "mi amor" o "te quiero", tiene un significado para el que lo pronuncia, bastante, algo o totalmente diferente al que lo escucha. Aunque sean ustedes prototipos de los amantes perfectos, el significado que usa el objeto de tu querer, el que habla, quien tanto te quiere, tiene un legado causal (de causa, no de improvisación): es decir, detrás de cada palabra habrá que tomar en cuenta toda una forma de ser, de medio ambiente, de haber vivido, de usos y de costumbres. Y, por supuesto, de un signo del zodiaco. El concepto de "significado" es parecido al concepto de "moda". Ejemplo: una corbata es un símbolo occidental al cual se le pueden dar varios calificativos: desconsolada, si la miras sola en un gancho, colgando tristemente en un clóset sin otra prenda, rodeada de ganchos vacíos (no está el que se la ponía, se fue); curiosa o divertida, si tiene un diseño blanco y negro (como el lomo de una vaca, así me regalaron una y la uso como adorno de casa); llevada como prenda única sobre un joven guapísimo, impresa en lo que podría llamarse "realzado" sobre la página de una revista de moda; fina, si tiene un diseño maravilloso, es de seda y cuelga bien; alocada, si está de tul y flores, sin género aparente ni tela reconocible; formal, si así la consideras por ser de *shantung*, negra, de moño, y te recuerda una boda donde te sentiste algo sola hasta que fulano te sacó a bailar (o no). "Tener una conocida en un baile es lo que puede ser, en muchas ocasiones, importantísimo", esto lo decía mi suegro. Y para volver a la manera de ver una corbata; algo que sirve para amarrar otra cosa, si vienes de un continente lejano donde los usos y costumbres son totalmente diferentes a los tuyos. No estoy comparando una corbata con la palabra amor, pero si logro con esto hacerles ver que cualquier palabra puede tener muchas ideas detrás y cualquier interpretación, posiblemente verán el otro lado de la medalla, por si no saben leer el que tienen volteado hacia sí mismos.

Y así, dar o recibir se les hará un poco más fácil. Con esto les prometo más amor. Ustedes, simplemente pongan su signo a trabajar.

Estas páginas están dedicadas a todos aquellos que creen en los mitos, las leyendas, los cuentos de hadas o de espantos. Verán que la historia personal de cada cual es de cierto modo un cuento, que uno puede convertir en mito que a su vez tiene la capacidad de llenar cualquier momento (esperado o no) y que con suerte, de vez en cuando, llega a ser tan real como la fantasía más elaborada. Toda historia de amor nos confronta con lo infinito, como el firmamento poblado de infinitas estrellas; "durará o no durará, será o no será" y, en última instancia, el vernos en el espejo de nuestro propio ser, nos obliga a conocernos mejor para poder buscar instintivamente ese poco más de amor.

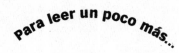
Para leer un poco más...

Puesto que el horóscopo personal contiene uno o más rasgos del resto de los signos zodiacales, se recomienda al lector ampliar y entrecruzar la información de su signo con la de otros que sean relevantes para su carta astral. En una carta astral hay tres puntos clave: la posición del Sol, que te sitúa por fecha de nacimiento en uno de los doce signos; el ascendente (calculado con la longitud y latitud de la hora de nacimiento) y el signo ocupado por la Luna en el momento de nacer (algo que cambia cada dos o tres días). La posición de la Luna regula la fuerza emotiva de cada quien y rige a los nativos de Cáncer así que, como regalo de ese signo, se incluye un breviario para todos los lectores (p. 48).• También se agrega el tránsito del planeta Venus por cada uno de los signos (p. 28) ya que, además de regir a Tauro y Libra, está íntimamente ligado con las delicias del amor ¡anote y acomode sus deseos y logros mientras pasa por su signo! Para otros años, simplemente consulte una tabla de efemérides. • Por último, se adjunta el efecto de Leo en cada una de las casas solares (p. 58), ya que revela cuál es la carga de egoísmo que cada uno lleva por dentro, y cómo canalizarla positivamente.

Aries

El Vellocino de Oro

Este libro propone que el amor no es un sentimiento que puede ser fácilmente concedido o dispensado por cualquiera, sin tomar en cuenta la madurez alcanzada [...] Todos los esfuerzos por conseguir amor fracasarán si no tratan, activamente, de desarrollar la personalidad propia y lograr una orientación productiva; ya que la satisfacción en el amor individual no puede alcanzarse sin la capacidad de amar al prójimo, sin algo de humildad, valor, fe y disciplina.

Así comienza Eric Fromm su gran obra, que en este nuevo milenio está resurgiendo como libro de texto substancial en cursos, talleres y universidades internacionales. Se llama *El arte de amar*.

El doctor Fromm nació el 23 de marzo de 1900. Tanto su Sol natal como su Mercurio (para los interesados) se encontraban dentro del signo de Aries, frecuencias que instigan y propician a quien lucha por el logro de una "sociedad sana basada en las necesidades humanas". La lectura de este libro es un acierto para quien tenga la suerte de nacer bajo Aries, el primer signo del zodiaco. Los cuatro capítulos que lo integran tienen títulos que deberíamos ponderar sin cesar durante toda nuestra vida: "¿Es el amor un arte?", "La teoría del amor", "El amor y su desintegración en la sociedad contemporánea occidental", y "La práctica del amor". La última frase del libro es un regalo no solamente para Aries, sino también para que los nativos de este signo se la lean a quienes ellos consideren merecerla:

"Tener fe en la posibilidad del amor como un fenómeno social y no simplemente algo excepcional-individual, y a la vez una fe racional basada en un conocimiento de la naturaleza misma del hombre".

Encuentra Fromm una paradoja que es parte de los meollos mismos de su signo. Dice él que "la habilidad de estar solo es una condición para poder amar" y esto es algo importantísimo para ustedes. Especialmente los nacidos bajo el signo de Aries deben tener una buena relación consigo mismos para poder crear y entender su propio mundo tan lleno de cosas, gentes, situaciones, oportunidades y desvanecimientos.

Por supuesto que no es algo que le pertenece exclusivamente a este signo, el primero de nuestro zodiaco. Digamos que tú, Aries, por ser el primero, eres quien lo tiene que digerir con mayor énfasis y cuidado para presentárnoslo en una charola —muy bien puesta— y nosotros (los Tauro, Géminis, Cáncer, Leo, Virgo, Libra, Escorpión, Sagitario, Capricornio, Acuario y Piscis) inspirarnos en algún momento de la vida con tus faenas.

Aries se propone conquistar antes de pensar en el amor. Quiere escoger, tomar y hacer participar, pero a su manera. Cuando Aries pone manos a la obra, su poder de seducción es enorme, su encanto es (aunque a veces momentáneo) extraordinario, y la manera en que aborda el amor convence a quien sea. Será vehemente y entusiasta, pero cuando decide que todo ha terminado, no hay nada que hacer. De la misma manera, alguno de este signo que acaba de tener un final muy infeliz en una relación con cualquier otro signo, tiene la capacidad de reponerse en un santiamén. Y la ruptura no tiene que ser específicamente de tipo amoroso, puede ser con el marchante de la esquina porque por una sola vez le vendió una fruta podrida o podría ser con quien ha llevado una larguísima amistad y que ha hecho justamente lo que Aries considera "imperdonable", a partir de lo cual no hay punto de retorno. ¿No te gusta? Me voy. ¿No estas de acuerdo? Cambiemos de tema. No puedo estar simplemente contigo o para ti, yo también tengo vida. Frases que Aries usa para poner las cosas en orden, su orden. Y como decían en Sinaloa: "Al que no le guste el fuste o el caballo no le cuadre, que agarre caballo y fuste, y vaya y chingue a su madre", dice Aries muy encabronado.

Otra lectura substancial y que podría ser memorable para Aries es Descartes. Él, en su *Tratado de las pasiones*, tiene un párrafo que dice algo importante para tu signo y que está lleno de ideas que pueden alejar tus monstruos. A tal grado que podría aconsejarte, Aries, que guardes a Fromm para tus momentos personales y no dejes de leer (o leerle a quien realmente te interese) a René Descartes, quien con el subtítulo de "Definición del amor y del odio" dice:

> El amor es una emoción del alma causada por el movimiento de los espíritus que la incitan a unirse voluntariamente a los objetos que parecen serle convenientes. Y el odio es una emoción causada por los espíritus que incitan al alma a querer separarse de los objetos que se le presentan como perjudiciales. Y digo que estas emociones son causadas por los espíritus, para distinguir el amor y el odio, que son pasiones y dependen del

cuerpo, tanto de los juicios que inclinan también al alma a unirse voluntariamente como con las cosas que sólo estos juicios producen en el alma.

René Descartes (también de signo Aries) —a quien se considera como el precursor de la modernidad— escribió este tratado alrededor de 1649, y está compuesto de 212 pequeños artículos o párrafos llenos de preguntas que todo Aries podría hacerse, a solas primero y, enseguida, ya bien preparado, con su ser querido. Comenzando por: ¿qué es el amor? Y luego divagar, con un simple cambio de tono, preguntándose: ¿qué, es el amor? Hasta llegar a ¿qué es el AMOR? Y verá que todo se aclara, o por lo menos sabrá que preguntas hacerse para comenzar a mejorar su propia visión del amor.

Aries, aunque no seas un lector constante, tener un ejemplar del *Tratado de las pasiones* en casa sería excelente. Y, si lo eres y no lo tienes en tu biblioteca personal, es una lástima. Su lectura es magnífica para esa campaña que siempre te hará falta iniciar: la de entender y ver la importancia que puede tener tu vida en conjunto con tus sentimientos. Abrir el libro al azar o leer una línea al día es algo que te ayudaría a poner orden y a dominar tus pasiones para que rindas más y éstas te rindan mejor. Igual que encontrar el lugar y el día para plantar una semilla para que crezca y se desarrolle como mejor le convenga. Así, entenderás la manera como puedes dominar tus pasiones, interrogándote sin "hacerte bolas". Tu manera de amar es muy diferente a la de los demás y puede ser que para los otros, entenderte, les cueste trabajo. Que fácil decidir si algo es simplemente bueno o malo, frío o caliente, causa lástima o produce demasiado orgullo.

El matemático y filósofo hermético inglés John Dee (1527-1608) habla mucho de las parábolas mágicas que él llamaba "Monas hieroglíficas". De manera muy personal combinó los signos de los siete planetas con los símbolos de los signos zodiacales, realzando y recalcando específicamente el signo de Aries en un tratado de gramática cabalística, con explicaciones tomadas de las matemáticas y la geometría. Dee, dice que Aries lleva una "estupenda textura del firmamento", excelente aforismo para este signo. John Dee fue consejero de la reina Elizabeth I de Inglaterra, y fue este hombre sabio quien escogió el día de su coronación a partir de los astros. Dee pregonaba que el reinado de "su reina" duró tanto tiempo (desde 1558 hasta su muerte en 1603) por haberse escogido bajo los mejores augurios. No podemos dejar de hacer notar que, durante este reinado, Inglaterra floreció enormemente en todo sentido y que la reina apoyó a personajes como Shakespeare o como al navegante y corsario Francis Drake, además de propiciar muchos años estables tras interminables periodos de revolución en su país.

Aries tiene con qué motivarse a sí mismo. Sabe que puede destruir si se lo propone. Aries se motiva con la espontaneidad y el entusiasmo. Aries se asemeja al despertar de la primavera: sus fuerzas se alzan siempre con brío y mientras menos se complica mejor para todos.

Aries, ponte de vez en cuando en el papel del "otro", de tu pareja, de tus padres, tus hijos, tus familiares, amigos y compañeros de trabajo. Hay momentos en que te olvidas de los sentimientos ajenos y conviertes esto en un don del que dispones cuando más te conviene pero… ¡cuidado! Tus soluciones a menudo son tan personales que parecería que vives solo en el universo y no es así. Algo importante que puede amainar tu "cabezadurismo" es encontrar un buen pasatiempo, pues la persona de signo Aries que no tiene pasión por un pasatiempo se pierde de algo fundamental ¿por qué? Aries tiene algo indomable en su sique, algo que no les permite aceptar derrotas. Junto a esto tiene una energía abundante y, si no se deja manipular (o hasta sobornar) por una posible dosis de intolerancia, puede esquivar esa "superseguridad" que puede llegar a tener en sí mismo, cosa que molesta o agravia a sus seres queridos. Si se ocupa en un pasatiempo que realmente lo apasione, gasta algo de esta energía errática en lugar de dispersarla en aquellos con quienes se topa. Y, así, Aries puede esquivar molestias inútiles. Yo creo que Paquita la del Barrio, cuando alza la voz y mira de frente a la mitad de una de sus excelentes canciones de amor y dolor, y dice con voz clara, dolida, firme: "¿Me estás oyendo inútil?" se dirige a algún amor pasado, de signo Aries, que por lo menos resumía los puntos malos de este signo.

Aries, por lo general, tus emociones no tienen necesidad de ser ni borradas, ni eliminadas, ni siquiera de ser coartadas; simplemente hay momentos en los que tus emociones, involuntariamente, no están siendo amansadas (o dominadas) por ti mismo. Es decir, tú puedes usar la gran fuerza que tienes para intimidar, exigir o avasallar y transformarla para sujetar o contener, e incluso reprimir, el torbellino que llevas por dentro.

La palabra dominar, verbo que tiene un lugar muy especial en el alma de Aries, también tiene como significado (según mi diccionario de cabecera) "divisar una extensión considerable de terreno desde una altura" y esto es algo que podrías hacer con tus sentimientos. De manera no literal por supuesto. Especialmente para no herir ni herirte, ya que Marte a veces parece olvidar que somos simples humanos y arremete contra nosotros como si fuéramos dioses. O semidioses. Recuerda que Marte es el planeta que domina tu signo. Marte puede encumbrar los sentimientos de Aries o causarle estragos, si es que no le obliga a hacer ese mismo daño a quien menos quisiera, simplemente porque sí y dejar perplejos a sus seres queridos, en primera instancia. Está en la naturaleza de Aries actuar así, pero no es su verdadero papel "incitar al pleito", por más que tengan esa reputación. Cuando percibes "tu otredad" en ese espejo, simplemente refuerzas tu espíritu emprendedor.

"Porque un beso, como el que me diste, nunca me habían dado" podría haber sido escrito para Aries. Sabe besar con pasión. Aunque hay ratos durante los cuales se le olvida que se dejó llevar por ese "algo" que en terminología sentimental llamamos "pasión". Pero mientras alguien le susurra esta canción al oído, Aries ya está involucrado en otra cosa. Hay veces que ni se acuerda, y otras veces que simplemente no encaja la recriminación que pueden hacerle porque no sabe a quién besó con tanta pasión. Así es Aries, y así habrá que soportar su desconsideración. Pero dejó un beso que pocos pueden olvidar; a veces eso vale la pena.

Dicen que dentro de cada Aries vive un ser atrevido. ¡Dichosos!

Aries, siempre puedes dar más, pero antes de hacerlo tendrás como tarea mirarte bien en el espejo y desembrollarte o aclarar tu vida. ¿Aries voluntariosos? Por supuesto, pero eso puede convertirse en un buen don.

Mitos

"En el comienzo, nada era imposible y los sueños más extravagantes podían hacerse realidad". Esto es un legado de los indios norteamericanos, quienes consideran que todo lo que sucede en nuestra era histórica es el "ahora". Ellos (la frase es específicamente de los haidas, habitantes de la costa noroeste de Estados Unidos) nos aseguran que "antes" los hombres y los animales conversaban, se entendían y se hacían favores mutuos. Por lo tanto sus mitos y sus leyendas están repletos de historias donde ocurren cosas que no deberían de suceder y donde cualquier cosa es posible.

Mi madre, la heroína de la historia de amor con que inicio este libro, prototipo de Aries, me decía con su voz cristalina: "*Anything is possible*". Cualquier cosa es posible, o puede suceder. Y yo empecé a creer en milagros, porque sucedían "cosas".

En busca de palabras mágicas para Aries, en el mito de la toma del Vellocino de Oro, hay frases tan perfectas para Aries que harían bien en aprendérselas de memoria: "Perseguía una esfera de oro que cuando se lanzaba al aire dejaba una estela como una estrella fugaz. Sólo si se le era negada, apelaría al engaño o la fuerza para obtenerla. Y Jasón, en condiciones que al parecer eran imposibles, debía uncir a dos toros que exhalaban fuego con pezuñas de bronce, y con ellos arar el Campo de Ares. Jasón, con una libación de miel sometió a los toros y aró durante todo un día. Después de muchísimas aventuras, peligrosas y difíciles, Jasón con ayuda de Medea apaciguó al dragón de un millar de enrollamientos, repugnante además de inmortal, y desató el Vellocino de un árbol de roble".

Mito, según el *Diccionario de la Real Academia Española* es una "narración maravillosa situada fuera del tiempo histórico y protagonizada por personajes de carácter divino o heroico. Con frecuencia interpreta el origen del mundo o grandes acontecimientos de la humanidad". Los personajes de cada mito tienen algo del arquetipo del hombre o de la mujer en general, sus reacciones son tan humanas como queremos y las cualidades atribuidas a cada uno de los seres que en ellos aparecen, siempre nos dejan un poco "más" de sabiduría si leemos entre líneas.

Marte, tanto el planeta como el dios mitológico, rige a este signo. Marte, el ser simbólico, tiene el don de ser adolescente y adulto al mismo tiempo, característica que permea a los que son de este signo. Es importante que todo Aries tenga muy en cuenta que del dios Griego, "Ares" (Aries) y del romano, "Marte", casi no existen mitos relacionados con el nombre o con el signo que no contengan mucha pasión y bastante envergadura como denominador común. Marte, en la mitología, nunca fue el hijo predilecto y le gustaban los conflictos, cosa que preocupaba a Hera, su madre. Se dice que Marte, y por consiguiente Aries, su interlocutor, es el que inspira "frenesí de ganar" sin tomar en cuenta el "frenesí del amor", inspirado por las alas divinas de quien escoge ser héroe de su propia historia de amor. Eso, tú Aries, sí que lo sabes hacer. Esa misma historia es la que hace pedazos la razón, la tuya o la de quien te ama. Por una aventura así todos sufrimos gustosamente.

Ptolomeo (Claudius Ptolemaeus, 130-170 a. de C.), astrónomo, geógrafo, matemático y astrólogo, formuló un trabajo enciclopédico de 13 volúmenes sobre los movimientos y efectos del Sol, la Luna y los planetas, pero en su obra maestra *Almagest* (que quiere decir "lo máximo") no explica cómo construir un horóscopo personal, aunque al poner a la tierra en el centro del universo, advierte lo que todo horóscopo describe. Esto es, colocar al "ser" como centro de todo. Por eso, cada vez que se hace un cálculo matemático para elaborar una carta astral, el gran universo, incluidas sus tres dimensiones conocidas, aparece girando alrededor de una sola persona: tú. O, si el horóscopo es de otra persona, pone a esa persona como centro de todo. Ptolomeo describe con detalle las posiciones celestiales y su relación más los efectos que estos tienen junto con el centro del horóscopo de cada humano.

En otra de sus obras, *Tetrabiblos*, Ptolomeo no solamente explica con gran precisión lo que el cielo puede ofrecernos bajo el punto de vista astrológico, sino también cómo y por qué, y dice que "para tener una clara y precisa idea de la condición humana, hay que combinar el estudio de la astronomía, la geografía y la astrología". Nos dice que "con entendimiento y comprensión del poder de los dioses bajo un marco histórico, acoplado a los cambios de los ciclos morales [sí, él dice morales, su voz nos llega con estruendo de hace casi dos mil años] y con habilidad para ver los cambios del medio ambiente y el clima, hay que tener suficiente conocimiento para mostrar cómo harán falta siempre y obviamente, las influencias planetarias".

Nadie sabe con exactitud por qué razón el signo de Aries es el primero del zodiaco. Hay muchas teorías, de la misma manera que existen varias propuestas sobre los primeros momentos antes del "Big Bang" —la teoría científica sobre el comienzo de todo. Lo que es seguro y cierto, es que ser el primero, el que inicia, significa ser el que constantemente nos recuerda qué queremos, tenemos o debemos volver a comenzar; es de cierta manera una compensación para sí, para quien porta este signo con la dignidad y fuerza que merece (tanto el nativo como el signo).

Una y otra vez la Tierra le da la vuelta al Sol a 107, 280 kilómetros por hora, y una y otra vez volvemos a emprender el año, el día, la relación, los amores. Ni la Tierra ni nosotros nos cansamos de esas vueltas que podrían habernos mareado y así seguirá todo hasta que, como dijo alguna vez Hendrik van Loon, "el pajarillo que, una vez cada mil años, llega a afilar su pico en una montaña de un kilómetro de alto por uno de ancho, la desgaste completamente" (historia que me contaban de chica, proveniente de Islandia). De cierta manera, cada 21 de marzo nuestro planeta tiene su propia resurrección. Y, mientras Aries comienza de nuevo, Tauro entabla, Géminis estrena, Cáncer origina, Leo promueve, Virgo investiga, Libra genera, Escorpión aborda, Sagitario descubre, Capricornio encabeza, Acuario surge y Piscis lanza. Así de fácil es el lenguaje de las estrellas.

Los primeros pasos suceden por lo general mientras nuestro planeta se encuentra dentro del signo de Aries, quizá porque los humanos necesitamos cifras, fechas y momentos para recordar que estamos aquí, presentes y vivos. ¿Resurrección del alma? Quizá Aries es quien nos permite reponernos una y otra vez, además de prepararnos para lo que pueda venir. Cuando nos lanzamos a la conquista de alguien estamos echando nuestra fuerza "ariana" por delante; el entusiasmo espontáneo, las luchas, las aserciones, los enojos y también los gritos, pero sobre todo las conquistas; lo que predomina en demasía son las actividades. Por eso, cuando Jasón se lanzó a la mar en su barca, Argo, en dirección hacia el Mar Negro a la conquista del Vellocino de Oro, Aries estaba presente. Cada vez que nos lanzamos a una nueva aventura Aries está presente. Y, cada vez que decimos "yo quiero", estamos usando la parte de nosotros mismos que contiene a Aries. Aries quiere que lo que desea suceda ahora, en este instante. Una persona con el Sol o la Luna en Aries, diría seguramente: "sé que debería esperarme, pero no sé cual es la razón por la cual tengo que esperar". Posiblemente no esperará. Esa manera de ser está en su naturaleza.

El espejo de Aries

Cuando escoges enamorarte, Aries, no te fijas en el dolor que esto pudiera causarte. Algunos dirán que no tienes medida, pero eso no es cierto, más bien al comienzo de tus historias de amor, tu espontaneidad y tu entusiasmo aumentan de tal manera que difícilmente planeas los pasos. Rara vez te vienen a la mente las palabras de la canción hecha famosa por tantos: "Qué es eso que llamamos amor" (*What is this thing called love*); en cambio, para Libra, tu signo opuesto, esa frase es importantísima. La sensación de conseguir lo que quieres es lo que te motiva, y pocos son los que pueden dejar de hacerte caso. La atracción que tú sientes a través de tu propio espejo o mirada en el espejo, te da aún más poder, y con este poder juegas por un rato. La competencia te justifica, te agiliza, y puede llegar a ser tu *leimotiv*. A veces, Aries es capaz de enamorarse simplemente porque le han dicho que tal o cual persona es "un imposible". Y a veces Aries se sale con "la suya" antes de darse cuenta que poco le importaba realmente ese objeto de su deseo. Lo que le gustaba era sentirse lleno de vida, ágil, ligero, como los carneros salvajes de donde le llega el símbolo de su signo. Les gustan las alturas, la mirada desde arriba, para ver, pensar y planear cómo ganar. Su enamoramiento no era más que un reto a sí mismo. A veces, (los "a veces" abundan en su vida) Aries se aburre y se va, sin ton ni son, privándonos (a los demás signos) de saber que todo ya había terminado antes de que lo supiéramos. Lo peor que puede pasarle a alguien nacido bajo este signo, es mirarse en el espejo y aburrirse solo (o sola, por supuesto). Y si Aries se aburre con alguien, algún cambio tiene que haber.

Aries, tu propia intimidad es algo que puede tener un maravilloso comienzo y repentinamente cambiar. Algo difícil de explicar y demasiado fácil de sentir. ¿Una palabra que enfermó tu alma? ¿Un olor? ¿Algo que descubriste del lugar, la hora o la circunstancia? Quién sabe. Lo que sí sabemos es que te prendes y te apagas como un interruptor de corriente. Esto puede, espero que no con frecuencia, lastimar tus relaciones, que se convierten de vez en cuando en una guerra de control sin medida, en lugar de que permitas que tu propio corazón se abra hacia el "otro" y utilizar la capacidad que tienes para ser maestro en amor, sin justificaciones y sin dar atribuciones que no te corresponden.

Mi madre era Aries. Casanova era Aries. Santa Teresa de Ávila, George Sand y Charles Chaplin, Lenin y Goya entre otros. Aries, de elemento fuego. Aries, primer modelo zodiacal. Aries, para los nativos que nacen entre el 21 de marzo y el 20 de abril. Y por cierto, la palabra "nativo" tiene su origen en la terminología astrológica; hace varios siglos, los "nativos" eran aquellos que habían nacido dentro de un periodo preciso y con cuyos datos se calculaba un horóscopo.

Aries, signo que ayudó a resucitar al Sol según las leyendas de antaño. Aries, primo hermano estelar del Vellocino de Oro y de Jasón. El mismo Jasón que partió en el navío Argos, que a su vez le dio el nombre a la gran aventura, *Jasón y los argonautas*. ¡Qué historia de amor, la de Jasón! Después de ser expulsado del reino paterno, por su propio hermano, conquista el Vellocino de Oro, y con la ayuda de Medea logra su objetivo. ¿Y fueron muy felices? NO. En la mitología griega y romana las historias nunca terminan con un final feliz y para siempre, la vida no es así. Pero los personajes viven, se acongojan, sufren, ríen, pelean y aman... aman y vuelven a amar simplemente por estar vivos. Como Aries.

Había una vez una idea, Aries la bajó del cielo para contarla a los signos que le seguían en el eterno entorno del firmamento y, por el resto del tiempo Tauro, Géminis, Cáncer, Leo, Virgo, Libra, Escorpión, Sagitario, Capricornio, Acuario y Piscis, continuaron amando... entre otras cosas.

Tauro

El Minotauro

"Haz lo que quieras porque de todos modos lo vas a hacer", es lo que parecería que los astros, los mitos, los planetas y la vida le confieren a Tauro como su propio "verbo-motor", desde el momento que hace aparición sobre la faz de la tierra. Esto no quiere decir que siempre se saldrá con la suya, su gusto por involucrarse profundamente con los demás, su gran comprensión hacia la voluptuosidad propia y ajena, su fuerza real para hacer lo conveniente en el momento adecuado y su gran tenacidad, capacitan a Tauro para poner a cualquiera en su lugar, para conocerlo, amarlo y hasta dejarlo. Pero además, todo esto le permite gozar plenamente; Tauro escoge "su" momento; en especial y sobre todo, cuando él quiere. Y este verbo, "querer" —con todos sus derivados— es una de sus acciones de mayor envergadura con la cual abarca lo que le venga en gana.

No querer, sí querer y querer hacer. Por supuesto que también "querer" con toda la emoción que su gran corazón desea. Pero debemos (los demás) tener en cuenta que para Tauro "querer" tiene como sinónimo adquirir. Lo que quieren, lo necesitan suyo y exclusivamente. Sea hombre, mujer, cosa, idea, deseo, aspiración, amistad, hechura o hechizo, empeño, juego, locura, afección, filosofía, exclamación repentina o justificación. ¡Que sí quiero! Quiero que quieras. ¡Cuando yo quiero, quiero! Como quiera que sea, pero quiéreme. Dejarse querer. Ya no querer. Ya no poder querer. Querer más y mejor... Porque sobre todas las cosas querer, para Tauro, es poder.

El toro, en muchas civilizaciones símbolo de fuerza, de impetuosidad y, desde tiempo de los griegos, guardián del laberinto, el Minotauro. Y el toro, o el Minotauro, ese bóvido salvaje o doméstico que se usa igual para denominar a "una persona difícil de engañar por su mucha experiencia" como para recordar —en algunas circunstancias— al espíritu que triunfa sobre los instintos animales, es también fiel guardián de nuestros bienes. Como en el laberinto. Hay historias en las cuales el semen del toro fertiliza la tierra simplemente al caer sobre ella y esto lo relaciona directamente con la fuerza de la creación. Diferentes prototipos de su figura aparecen dibujados de varias formas místicas y mágicas, con toda la fuerza que su forma evoca desde hace mas o menos unos tres mil años a. de C. Albricias para Tauro, puesto que su signo también se relaciona una y otra vez con el "ardor cósmico" (véase *Diccionario de símbolos* de Jean Chevalier y Alain Gheerbrant) y con el calor que anima a todo ser vivo. Dichosos los que pueden abrazar a un Tauro, o que pueden ser abrazados por él o por ella. Y, si tienes la enorme suerte de ser Tauro, poder abrazar a alguien una vez al día es un regalo tanto para ti como para el abrazado.

En los anales de las tradiciones Islámicas, el toro pertenece al grupo de los símbolos que sostienen y, de cierto modo, mantienen la creación. En la simbología analítica de Jung, el sacrificio de este animal representa el deseo del espíritu por la vida, lo que le da al hombre la posibilidad de triunfar con base en las pasiones animales, las cuales, después de una ceremonia de iniciación, le darán la paz (que todos buscamos). Cuando cualquiera de nosotros intenta o logra controlarse, está recurriendo a la parte de "Tauro" que todos cargamos en algún lugar recóndito de nuestro corazón, y es allí a donde podemos acudir cuando tenemos esa necesidad básica de querer "un poco más de amor".

Venus es el planeta que rige este signo. A ciento siete millones de kilómetros del Sol, Venus se parece un poco a la Tierra; con seiscientos kilómetros menos de diámetro, tarda 225 días en darle la vuelta al Sol y es el planeta que mejor y con mayor frecuencia se ve en el cielo nocturno. Brilla con gran belleza en cuanto el Sol comienza a regalarnos la noche y muchas veces es el último planeta que desaparece en el alba. Tarda un poco menos de un mes en pasar de un signo a otro y cuando Venus se encuentra en "tu" signo, los días deben regalarte más amor del que esperabas. Por lo menos puedes tratar de conseguirlo y tu esfuerzo tiene mayor probabilidad de éxito. Para el año 2003, estará en el signo de Capricornio del 5 de febrero al 2 de marzo. Entre el 3 y el 27 de marzo, acurrúquense los Acuario. Entre el 28 de marzo y el 21 de abril, Piscis debe exigir más amor a quien quiera; y del 22 de abril al 16 de mayo la fuerza del amor la cargan los nacidos bajo el signo de Aries. Tauro, aprovecha cada hora de los días entre el 17 de mayo y el 10 de junio para acomodar, reacomodar o encontrar ese poco más de lo que deseas; Venus, tu planeta redentor, estará pasando por tu propio signo. ¡Enhorabuena! ¿Y Géminis? Desde el 11 de junio hasta el 4 de julio tendrás la perfecta oportunidad para tomar a cualquier toro por los cuernos; mientras que Cáncer deberá poner manos a la obra y valerse de toda su voluntariosa voluntad desde el 5 de julio hasta el 29 del mismo mes. Leo tiene que dejarse querer entre el 30 de julio y el 22 de agosto; o hacer algo para aliviar su majestuoso ser y sentirse bien al hacerlo. Virgo debería atreverse a conquistar lo que sea su santa voluntad entre el 23 de agosto y el 15 de septiembre, mientras que Libra tiene a Venus (planeta que comparte con Tauro) en su signo del 16 de septiembre hasta el 9 de octubre. Durante estos días la influencia que quieras ejercer sobre quien desees ejercerla, estará "en su punto". Escorpión podría verter con gran energía parte de su extraordinaria fuerza sentimental desde el 10 de octubre hasta el 2 de noviembre. Sagitario debe anotar los días entre el 3 y el 27 de noviembre para hacer de las suyas y divertirse haciéndolo. Capricornio podría atreverse a compartir techo, lecho o fechorías amorosas entre el 28 de noviembre y el 21 de diciembre. Y si no tiene ganas de usar esos días precisos para estas cosas, Capricornio puede planear hacerlos en un futuro. Acuario tendrá desde el 22 de diciembre hasta el 14 de enero del 2004 para determinar con acierto todo lo que los astros pueden conferirle a través de Venus, cómo, cuándo y dónde acomodarse emocionalmente y con quién. Piscis deberá esperar el periodo entre el 15 de enero hasta el 8 de Febrero de 2004 y, para la próxima impresión de este libro, les indicaré ese poco más, para cada signo del zodiaco. Vale decir que del 9 de febrero al 5 de marzo, Venus estará de nuevo en Aries que ya debe tener experiencia en el manejo de esta gran "puerta abierta" que son los astros.

¡No hay que creer que Venus está ligado simplemente con la feminidad y la belleza! Este planeta, llamado también "la hermana celestial de la tierra", que todos podemos ver con esplendor en nuestro cielo nocturno, tiene tantos secretos como canciones de amor hay en el mundo. Para los mayas, por ejemplo, este compañero de órbitas de nuestro sistema solar, era firmemente estudiado para calcular los días y las horas de importantes acciones militares. ¿Venus, dios de la guerra? Me preguntaban astrólogos de países europeos cuando les contaba esto. Sí que sí. *Venus Lucifer* le decían y bien podría traducirse de esta manera cuando aparece de madrugada. Algo completamente diferente a lo que vemos al anochecer, cuando se le considera digno portador de vibraciones amorosas. Y créanme que conozco muchas personas nacidas bajo el signo de Tauro que pugnan de manera abiertamente agresiva para conquistar, retener o comenzar una relación de cualquier tipo, más que de cualquier otro signo. Tauro, cuando pone manos a la obra, sabe qué hacer para susurrar al oído justamente lo que se debe o celebrar una relación humana de manera inolvidable.

Tauro se rige por Venus, y Venus nos permite esa volubilidad que va de la pasión a la desesperanza con la medida perfecta de ternura, piedad, sarcasmo, tristeza o enojo inimitable. Dos palabras que le vienen bien a Tauro cuando de amor se trata: inolvidable e inimitable. Especialmente cuando de amores se trata, Venus / Afrodita, que tiene raíces cercanas a las diosas de la primavera y los jardines, también rige a otro signo, al séptimo de la rueda del zodiaco. A Libra. Y dicen que la gran diferencia entre ambos está en el modo de afrontar eso que llamamos placer.

Tauro da placer. Libra busca encontrar placer y también temperancia.

Tauro se lleva bien con la solidaridad, con alguna forma de densidad y por supuesto con lo que se fija, lo que queda, lo que en lugar de prometer está, lo que realmente se puede palpar. Saborear, ver, escuchar, pasar la lengua por un objeto dentro de la boca que le rinda placer, porque sí, eso es lo que le encanta a Tauro, que el sabor se le rinda, no simplemente que tenga sabor.

Los cinco sentidos son una parte importantísima de su ser.

En cuanto a mí —escucha bien—
mi deleite es lo exquisito;
sí, para mí el resplandor y la luz del sol y el amor
son una sola comunidad.

Safo (de cuya vida poco sabemos, salvo que vivió unos seiscientos años antes de Cristo) entona aquí los cinco sentidos envueltos en palabras de amor, y éstas hacen pensar que quizás esta maravillosa poetisa fue de signo Tauro. Nos habla y nos envuelve con frases sencillas que podrían evocar todo tipo de relación, nos confronta con pensamientos elementales como los rayos del sol o la palabra "amor" y los presenta para que los acomodemos de manera muy personal. Mientras más repetimos el verso, más lo sentimos. Así es Tauro, mientras más lo conocemos, mas ganas tenemos de estar a su lado. ¿Por qué? Porque así es Tauro; recolecta y acumula sentidos para poderlos poner a buen uso en el momento que lo siente necesario y, mientras los procesa en la intimidad de su ser, estos sentidos permean todo su cuerpo. Si eres

Tauro, que suerte tienen los que te acompañan en la vida si ya tienes conciencia de esto, y si alguno de signo Tauro es el objeto de tu afecto, amistad o amor, nunca olvides que a veces tendrás que esforzarte para que él o ella te permitan abrir las puertas de su propio vigor y potencia. Sólo así verás toda la magnificencia de su signo, de su ser. Podrás deleitarte con su amorosa realidad, tan llena de ganas de tener o de jugar con lo mejor de la vida, aunque tenga que esperar para obtenerlo. Sus metas, por lo general, son entre otras cosas, llegar a conocer el valor de la perspicacia que le permitirá valorarse mejor. Entendamos perspicacia como penetración de ingenio o entendimiento propio. Eso sí, Tauro sabe gastar con brío la indulgencia personal y puesto que se sabe de una terquedad imponente, puede convencernos que eso que hace lo hace bien: desear, gastar, querer o pedir más; lo esté haciendo o planeando bien o mal, inclusive haciéndose daño. Cuando calla, nunca otorga. Simplemente se está insubordinando. Por lo general, contra sí. Pero sabe reaccionar bien y todos nosotros, simples mortales, tendremos que aprender a dejarlos un poco tranquilos, ya que siempre se estará haciendo un gran favor al dejar a ese, este o aquel Tauro recobrar la compostura a solas. Rumiar y refunfuñar les hace mucho bien.

Frecuentemente Tauro, por tener tan presente a Venus, quien evoca una supuesta perfección, no está muy a gusto con su cuerpo. Habrá que entenderles y participar con ellos en su búsqueda hacia lo que Tauro considera necesario insistentemente para poder ser, como dicen en Francia, *bien dans sa peau* (sentirse bien dentro de su propia piel). A gusto consigo, tranquila con sus pesos y medidas. Eso, siempre y cuando no se convierta en algo enajenante, puede ser un acierto sobre todo para sus seres queridos, pues Tauro debería aprender a gozar de manera sobresaliente al hacer algún deporte, ejercicio o rutina corporal en compañía de quien simplemente "le huela bien". Con todo y su personalidad fuerte, Tauro tiene por lo general más de introvertido que de extrovertido. Por lo mismo disfraza un poco su enorme sensualidad. A Tauro se le debe permitir cantar bajo la regadera, pintar su cuarto del color que quiera y vivir entre cosas que realmente goza. Tauro debe darse un gusto relacionado con alguno de los cinco sentidos una vez al día por mínimo que sea (el gusto). Un Tauro en un ambiente discordante es un Tauro infeliz. Al mismo

tiempo, no soportan que se les diga "qué hacer". Se sienten ofendidos. Hay que aprender a sugerirles de manera —como dirían los ingleses— *cool*. Embellécele su área, su vida, su espacio, su jornada.

Tauro, deja que tu ego se cautive sólo para que se convierta en lo que debe de ser: ego un poco ingenuo, confiado, avasallador y fiel cuando te convenga. Tauro dice "para siempre" pero Venus siempre ofrece briznas de algo más. Y si eres Tauro, no le expliques a tus seres queridos cómo eres, simplemente sé tú, para que te sigan queriendo por siempre. Tauro es tentador, provocador, exasperante y maravilloso a la vez; difícil de esclarecer, imposible de aguantar y, sin embargo, amado por tantos. Así tendremos que vivir con ustedes, porque así debe ser la vida de Tauro. Cuando él quiere.

MITOS

Los mitos son historias de los dioses de antaño, dentro de las cuales una serie de símbolos aparece como un "todo", llenas de la sabiduría del hombre ante la magnificencia del cielo y la tierra que le rodea.

Sócrates ya hablaba de talismanes amorosos como el pájaro torcecuello que construye nidos en los sauces, silba como víbora y pone huevos blancos. Aparentemente, por lo mismo se le relaciona con la Luna y se le atribuyen algunos actos divertidos como el de "encender el fuego por fricción" y las "flechas del amor".

Tauro debería tener su propia colección de libros mitológicos. Y, por supuesto, la historia del Minotauro debería sabérsela de memoria. La colección del narrador inglés Robert Graves es muy recomendable tanto para principiantes como para conocedores y, aunque existen ediciones baratas, espero que tengas la suerte de conseguir o hacerte regalar un ejemplar digno de una biblioteca hermosa. Recuerda que Tauro nació para gozar todo lo que tenga. De palparlo, olerlo, verlo puesto en su lugar preferido...

Por ejemplo, Ariadne, hija del rey de Creta, se enamoró de Teseo el conquistador recién desembarcado y éste a su vez se prendó de ella. Ariadne le regaló a su nuevo amor, Teseo, una espada mágica que le aseguraba a su dueño (quien fuese) la victoria sobre el tan temido Minotauro, que moraba en las entrañas de un laberinto encantado. La dicha de Ariadne fue enorme cuando él regresó a llevarse su "prenda amada" después de tamaña aventura y navegaron sobre el Mediterráneo hacia lo que ambos aseguraban sería una dicha eterna. Esto, hace más siglos de los que se pueden contar en una sola historia. Lo

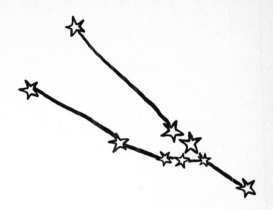

demás, lo tendrán que leer ustedes y bien vale la pena hacerlo, pues esas aventuras enseñarán a quien resulte interesado —específicamente a los nacidos entre el 21 de abril y el 21 de mayo— que toda aventura amorosa deja gran enseñanza, añoranza y experiencia que pueden ser compartidas. Todo Tauro que se atreva a leer estas páginas merece saber que su signo también lucha por controlar a la bestia que trae por dentro, de allí el nacimiento del Minotauro, producto de la voracidad del rey Minos quien al mirar la belleza del toro blanco prometido al dios Poseidón, se lo quedó. Poseidón, que todo lo sabía y todo podía hacer (otro que tiene que haber sido Tauro), castigó a Minos haciendo que su mujer deseara a ese toro más que a nada en el mundo. Fue suyo a tal grado que de sus entrañas nació el Minotauro, mitad hombre, mitad toro. Y, pueden asegurarse ustedes, dichosos en su signo los Tauro, que la naturaleza animal que traen por dentro se la pueden agradecer a los dioses griegos de antaño.

Desde el segundo siglo d. de C. aparece escrito por Lucius Apuleius la historia de Psyque y su búsqueda tenaz por recobrar el amor de Cupido. Psyque era una diosa tan bella que la misma Venus la envidiaba y de tal forma que decidió vengarse. Así son los dioses de la antigüedad, muestran amor, odio, celos, envidia, maldad, bondad y bastante magia. Hacen lo que quieren cuando quieren y sus historias nos divierten desde hace miles de años. Sus peripecias siempre tendrán modos y maneras de enseñarnos algo, nos hacen pensar en lo que somos y por qué razón actuamos o no actuamos, a veces sin vacilar. Por envidiosa, la hermosa Venus le pide a su hijo Cupido que haga lo imposible (él podía hacer lo que quería con sus flechas mágicas) para que Psyque se enamore de un horrendo monstruo y nadie más quiera acercársele. Pero aquí sabiamente nos muestran que ni los dioses pueden con el destino y Cupido se enamora perdidamente de Psyque y termina visitándola en secreto (solamente de noche por supuesto). Leer esta historia es un regalo para aquellos que quieran disfrutarlo, pero Tauro debe hacerlo. En ella encontrará respuestas inesperadas, ideas adecuadas a su manera de ser, y signos que Tauro podrá convertir en señales para aliviarse, conquistar o rehacer muchas de sus propias relaciones. Hay quienes piensan que por su gracia y su final feliz, podría ser esta historia una alegoría, pasada de padres a hijos a través de los siglos y por la cual se infiere que Cupido es el representante del amor mientras que Psyque representa el alma. En especial el alma Tauro. Psyque por curiosa y desobediente no resiste la orden dada por su amado de no mirarlo, voltea y lo mira. Castigada por los dioses lo pierde todo. Sin embargo, aunque Venus los obliga a pasar muchas pruebas, tanto crueles como difíciles, los dioses les regalan otra oportunidad. ¿Nos comprobará esto que los dioses deben tener debilidad por los representantes del signo Tauro? Puede ser, porque convirtieron a Psyque en un alma inmortal para que pudiera casarse con Cupido en el cielo. Los dibujos de Cupido mandando su flecha hacia el corazón de "quien resulte responsable", quizá sin saberlo, hacen alusión a esta divertida y encantadora historia.

> "Ay Cupido, Cupido, Cupido,
> Ay Cupido, Cupido, tirano,
> que me muero, me muero, Cupido,
> Cu-Pi-Do, dame la mano"

Así cantan los jarocheros sin vacilar y Cupido, cuando quiere (y Venus lo permite) nos ayuda.

EL ESPEJO DE TAURO

Así como Tauro debe tener su "mitología casera", también le hará bien leer historias de amor. *Lolita* de Vladimir Nabokov; cualquier texto de Rabindranath Tagore, quien en realidad escribe sobre el amor a la vida; *Nunca grites lobo* de Farley Mowat, una historia de amor hacia el animal; *The Songlines*, de Bruce Chatwin, sobre el amor que los aborígenes australianos le tienen a su tierra. Tauro, que sabe cómo afrontar las dificultades o los tropiezos de la vida diaria, puede también sustituir una cosa por otra (en toda circunstancia) y si no encuentran la novela de Arthur Schnitzler, *Relato de un sueño*, pueden ver la película de Stanley Kubrick, *Eyes Wide Shut*, basada en esta obra. Todos estos escritores son signo Tauro (el director de cine es de signo Leo) y todas las recomendaciones deben ser tomadas en cuenta para que Tauro, genérico, realce la importancia que existe en su propia imagen, donde frecuentemente pierde visibilidad. Es decir, la imagen de sí mismo es una imagen fuera de la realidad. ¿Por qué? Preguntarán los Tauro, montados en cólera; "frecuentemente", dirá la astróloga con voz entre suplicante .y firme, "entre la imagen que tienen de sí y lo que representan hacía los demás, no hay concordancia". Y, (ahora la voz de la astróloga monta en cólera) eso no debe ser, puesto que ustedes son los representantes de la fuerza del alma y, ese acuerdo entre lo que ven y lo que son, es precisamente lo que debe hacerles brillar, sobresalir, salirse con la suya y controlar su propia vida con excelencia. Además de poder pedir más amor, o darlo, cada vez que les venga en gana.

[...] "que las cosas más dulces se vuelven las más agrias por el contagio de sus acciones; los lirios podridos son más fétidos que las peores hierbas"

(del perfecto Tauro, William Shakespeare)

NO es que Tauro se vuelva agrio simplemente por serlo, pero cuando esto le sucede (como a cualquiera puede sucederle) es lento en darse cuenta o, en su defecto, con dificultad encuentra la capacidad de darse cuenta. Entonces, lo mejor de Tauro se convierte en lo peor, simplemente por un auto-gol. Y es imprescindible e indispensable que Tauro sepa y que ponga a buen uso su gran capacidad de curar todo con amor. Con un poco más, con muchísimo o con lo que en algún momento le dé a bien entender. Tauro, bajo las albricias de Venus, controlando su propio paso por doquier, todo puede.

Aries decidió poner a buen uso la idea que bajó del cielo, Tauro la tomó y la expuso a su manera. Y pudo así explicarle a los demás signos cómo disfrutar con un propósito que a la vez mejora y se convierte en un poco más.

Géminis

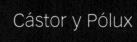

Cástor y Pólux

mayo 22 - junio 20

Géminis es el primero de los signos de elemento aire. Los otros que comparten ese mismo elemento son Libra y Acuario. Podría decirse de los nacidos bajo este signo que todos los días despiertan con un afán y anhelo de cooperar; desean sentir lo que están haciendo, mejorar lo que están sintiendo y, a veces, padecen su despertar. Curiosamente, conforme pasa el día, van perdiendo su consternación, para su propio bien. Y, frecuentemente, terminan el día involucrados de manera directa en algo que consideran una franca ayuda en algo, con alguien; contribuyendo, así, al buen entender entre unos y otros. Ojalá así sea.

Su símbolo parece dos columnas que algunos ven como representación del día y la noche, y otros lo consideran como "significado y representación" de la "división de la verdadera unidad"; complicada metáfora que sin embargo me parece una de las más adecuadas para Géminis. Estoy convencida de que son estos, los nacidos entre el 22 de mayo y el 21 de junio quienes consiguen representar "el sujeto y el objeto" a la vez; la conciencia y la inconsciencia; lo bueno y lo malo; la verdad y la mentira, con ese don innato que tienen para saber cómo salirse siempre con la suya. Géminis, por lo general, es quien nos convence de su razón, aunque al mismo tiempo nos confunda. O simple y sencillamente, aunque no la tenga, nos hacen creer que sí.

Poseen un gran desenvolvimiento para presentarnos dos cosas a la vez; tanto "lo que el viento se llevó", como el viento que impulsa todo lo que vuela. Quien se atreva a acompañar a Géminis, debe saber que para ese signo todo es posible. Siempre querrán investigar las experiencias de su propia existencia, aunque esto les salga al revés de cómo lo habían planeado. Pierde un gran amor y al día siguiente tiene uno nuevo, y ese "poco más" de "ese algo" que puede ser conocimiento, primero de sí y luego de los demás, los acompaña siempre como un doctorado de excelencia en "lo vivido". Géminis parecería estar presente antes de aparecer y, aunque puede sucederle que a menudo no sabe cómo comportarse cuando las cosas se vuelven más complicadas o emocionales de lo que suponía, queda bien por el hecho de que siempre sabe qué decir. Y así, inventa. Palabras, ideas, situaciones, relaciones, respuestas, ayudado siempre por Mercurio, regente de su alma y portador de sus palabras. Mercurio/Hermes, mensajero de Zeus. ¿Qué más puede uno pedirle a la vida? Quizá mucho pero, para Géminis, las palabras al viento bastan y sobran.

"Feliz" es una persona de signo Géminis enamorada. Una y otra vez. Feliz quien se enamora de Géminis. Para siempre. Aunque habrá que tomar en cuenta que frecuentemente Géminis es mediador de sí y, por lo tanto, no logra realmente "estar", porque como mediador que es, tiene que dudar para ser. Y esto no es simplemente complicado de explicar, sino que también es casi imposible de entender. Para ti, Géminis, lo mejor que te puede pasar es que sigas siendo como eres y, para los que te aman, que te quieran mucho, aún más de lo que esperaban querer, porque no es fácil tenerte cerca aunque eres capaz de entregar una enorme dosis de felicidad a los tuyos.

Flirtear, coquetear, galantear, mariposear y hasta vestirte de vampiresa de vez en cuando (toda proporción guardada) si eres de sexo femenino o de Don Juan si eres varón, podrá ayudarte a ver quien eres en realidad. Estimularán las posibilidades que se abren en tu camino, más de lo que tú mismo te imaginas. No sucede comúnmente que te sorprendas, pero sí suele suceder con cierta frecuencia que sorprendas a los que están contigo: los que te quieren, que te consideran amigo, amiga, compañero o te saben familiar. Todo esto puede sonar demasiado complicado, pero en realidad no lo es. Simplemente y con cierto resguardo, si eres Géminis, pide perdón antes de jurar amor eterno; y si eres Aries, Tauro, Cáncer, Leo, Virgo, Libra, Escorpión, Sagitario, Capricornio, Acuario o Piscis y amas a una persona de signo Géminis, perdónale sus pecados antes de que los cometan, así vivirán en paz. Está en su naturaleza ser tremendamente inquisitivos.

Si amar es permitir que el "otro" sea como realmente es y si al amar debemos darle la libertad adecuada a nuestra media naranja o ser querido, mal haríamos en restringirle demasiado. Sin embargo, no permitamos que Géminis se duerma en sus laureles de gran conquistador. Estoy segura que no será así, ya que Géminis piensa mucho y por lo tanto duda. No puede ser de otra manera aunque lo jure a los cuatro vientos puesto que su signo está tan intrínsecamente relacionado con la palabra "versatilidad", que no puede hacer más que revelar sus diferencias y sus dudas que invariablemente tienen que ver con su Mercurial y curiosa manera de pensar, con un pequeño enigma. Por lo gene-

ral Géminis debe revelarse a sí mismo o misma y, si no esquiva su propia realidad, encontrará un método adecuado para cumplir sus deseos, mas no lo será tanto para el de enfrente. A Géminis habrá que quererlo sin lógica aparente. Y se puede. Géminis ama el hecho de dudar. La duda lo mantiene seguro y fuerte, así como una mariposa de colores que nos muestra belleza pasajera. De lo contrario, sería como mirar a esas pobres mariposas puestas con un alfiler sobre un papel blanco con su nombre rodeado de polvo de colores.

"El aleteo de una mariposa se siente al mismo tiempo aquí y al otro lado del mundo" dicen los japoneses en uno de sus bellos haikus, sin saber que con este refrán describen la maestría de Géminis a la perfección.

Se puede decir que Géminis es sabiondo, sabelotodo, sabidillo y a veces se pasa de listo. ¡Quién no quisiera poder ser Géminis en muchos casos! Y, cuando los demás actuamos así, estamos poniendo a buen uso esa parte "Géminis" que cada uno de nosotros, por ley universal, tiene.

Encantadores, curiosos, deslumbrantes, filosóficos, imaginativos, capaces de ser excelentes interlocutores (sobre todo para sí), ingeniosos y a veces muy sofisticados. "Enamórate de un Géminis y con seguridad aprenderás algo", decían las hechiceras de antaño. Ahora que cuando se miren y estén al otro lado del espejo, ellos mismos encontrarán que tienen rasgos de cínicos, mañosos, superficiales y farsantes. Ahhhhhh, pero qué feliz pueden hacerte cuando se lo proponen. A tal grado que confesaré que conozco a más de una persona que no hace sino enamorarse perdidamente de algún Géminis cada vez que tiene oportunidad, sabiendo que ese "negocio" terminará mal. Infaliblemente. Pero, después de derramar unas buenas lágrimas, busca a alguien de este mismo signo heroico y comienza una nueva aventura. Alguien que tiene ese "no sé qué" es en realidad quien resume las características de Géminis. Por supuesto que no siempre termina mal un "mal de amores" con Géminis. Existen un sinfín de historias felices donde la pareja vive en unión pluscuamperfecta y hasta el final de sus días pero, "por si las moscas", hay que estar (siempre) preparados...

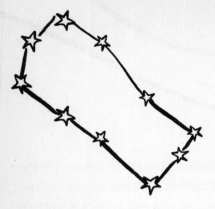

Marilyn Monroe, John F. Kenndy, Guadalupe (Pita) Amor, Isadora Duncan, Miles Davis, Josephine Baker, Errol Flynn, son algunos personajes conocidos como amantes, nada eternos, de la vida internacional. Siempre en busca de "un poco más", de ese algo indescriptible que hace vibrar el alma, sólo que aún no sabemos exactamente en qué lugar se encuentra el alma, así es que Géminis tiene ese pequeño problema existencial. Puede, fácilmente, hacer varias cosas a la vez; dos le parecen poco. Sus emociones de vez en cuando los confunden y cada que pueden, reprimen sus emociones en lugar de dejarlas a flor de piel. Con todo el talento que tienen para amar les cuesta trabajo explicarlo, pero al mismo tiempo esperan que entiendas lo que quieren decirte.

Un buen ejemplo podría ser el gran pensador y filósofo Jean Paul Sartre, quien tuvo a su lado durante casi toda la vida a esa mujer excepcional que fue Simone de Beauvoir. Ella estaba totalmente convencida de que ellos eran una pareja ejemplar, mientras él tuvo amoríos con quien quiso, ella siempre lo aceptó. Y sí, durante mucho tiempo fueron muy felices. Él la convenció totalmente de esto. Y lo demás que sucedió entre ambos ya es historia.

Con Géminis habrá que examinar muy bien los modos y maneras con las que se desenvuelve con sus socios para tener un poco de referencia sobre cómo se relacionará con sus seres queridos, amados o incluso, a ratos, despreciados. ¡Cuando tienes a alguien de este signo a tu lado, tienes a más de uno, imagínate a siete, como las vidas de los gatos! Cuidado, porqué tú también tendrás que aprender a no aburrirle, algo que con seguridad ya han tratado otras u otros. Géminis necesita estimulación y diversión, espacio para poder sentirse bien con su personalidad multifacética. La "puritita verdad" es algo que por lo general le aburre y lo que unos ven como un simple atardecer, Géminis lo verá como algo esplendorosamente bello; o una película que a ti te pareció extraordinaria, puede ser que para Géminis resulte de muy poco interés. En pequeñeces es mejor no discutir, Géminis es capaz de dejarte hablando a medias y seguir la conversación con quien esté más a gusto. Ese rasgo o cualidad —según el momento— viene como envoltorio de Mercurio, planeta que rige este signo. Los chismes más tontos y las palabras con mayor envergadura siempre le atraen; es más, el gran sicólogo del siglo pasado Hans Eysneck llegó a ponerle como apodo "el gran signo extrovertido", y con justa razón. Mercurio es el segundo planeta más pequeño de nuestro sistema solar (el más pequeño es Plutón) y es el más cercano al Sol. Rodea a nuestra estrella en 88 días y, por lo general, se ve al anochecer de la primavera o al amanecer del otoño. Inclusive en tratados chinos de hace unos doscientos años a. de C., se decía que "cuando encontramos errores de juicio, la retribución viene del planeta Ch'en" (Mercurio). Miércoles, el cuarto día de la semana, fue llamado así en honor a Mercurio; Hermes, como también se le llamaba, era el único dios con la capacidad de moverse entre la tierra y el infierno, entre la vida y la muerte, con facultades para llevar a los humanos de la mano entre un estado mental y otro. No se puede negar que Géminis tiene la capacidad, cuando quiere, de orientarnos, de recordarnos quiénes somos y por qué razón estamos allí, por lo menos, cuando nos encontramos frente a ellos o cuando tenemos la suerte de que nos tomen de la mano y los acompañemos. No en balde Einstein pudo ponerle los puntos finales a su teoría de la relatividad gracias a los estudios que hizo sobre Mercurio y los efectos que sobre este planeta tiene el Sol. Géminis, tan influenciado por Mercurio, tiene el don de hacernos cambiar, y si cada uno de nosotros, viviendo con los pormenores de nuestros propios signos, lo aceptamos de buena manera, este cambio será, seguramente, lo que nos permitirá obtener ese poco más de amor, tan anhelado.

MITOS

Paracelso (1493-1541) dice que la percepción de todo fenómeno celestial tiene que ser entendida como analogía de las constelaciones que cada humano lleva en sí, es decir, esas imágenes en el alma que reflejan el cosmos porque todos somos parte de este universo.

Hay un gran número de historias mitológicas relacionadas con Géminis; desde la lejana Australia, donde sus introvertidos aborígenes apuntan hacia el cielo y saben encontrar a Cástor y a Pólux y nos cuentan que Yurree y Wanjel son los gemelos cazadores en la búsqueda de Purra, el canguro; la Vía Láctea, continúan, es el humo a la deriva que puede transformar la vida de quien la sabe seguir.

Hace más de 1600 años, Sloustios en su tratado *Sobre los dioses y el mundo* escribe: "Esto nunca sucedió, aunque siempre sea". Así las historias relacionadas con Géminis, existen para que sea él mismo quien construya un mundo mejor.

Cástor y Pólux se diferenciaron en lo que, como regalo de su propio destino, cada uno escogió. La inmortalidad y la mortalidad. Así como Géminis, alegóricamente, se encontrará frecuentemente en el lugar adecuado donde podrá escoger.

Cástor y Pólux eran hijos de Leda y Júpiter, quien a su vez se disfrazó de cisne, y Cástor y Pólux despertaron a la vida *rompiendo su cascarón de un solo salto*. Como hermana tuvieron a la bella Helena, para cuyo rescate se construyó el Caballo de Troya. Cástor fue genial rejoneador y conocido por adiestrar briosos caballos, mientras que Pólux se distinguía en el deporte y fue en el boxeo donde resultó ser excelso. Unidos por su gran afecto y siempre inseparables, los hermanos, durante una terrible tormenta, estuvieron a punto de perecer, mas aparecieron estrellas sobre sus cabezas al calmarse el mar. Los dioses en aquellos tiempos tenían preferencias y hacían lo que querían con la vida de los demás, aunque se tratara de "semidioses" como este par. De boca en boca, a través de los años, de los siglos, a Cástor y a Pólux se les considera como los patrones o las deidades de los marineros.

Tras la muerte repentina de Cástor (el meramente humano) en una guerra, Pólux (el inmortal) quedó de tal manera perturbado y aturdido que, inconsolable, fue a rogarle de rodillas a Júpiter que tomara su vida a cambio de la de su hermano. Júpiter (acuérdense que era padre de ambos y Júpiter también tenía su corazón) consintió para que uno alternara con el otro entre los cielos y los infiernos para la eternidad. Existe otro final de la historia —como buen ejemplo para Géminis— . Ambos aparecerían, y aparecen, por siempre en el cielo, como recuerdo de la capacidad de Júpiter para arreglar vidas, para que los marineros no se sientan desamparados y para que Géminis sepa que tiene amigos importantes ¡en la bóveda celeste!

Dafnis y Cloe es otra bellísima historia que tiene, con T mayúscula, que estar presente en toda biblioteca de Géminis, quien de por sí ya debería tener desde un estante con "sus" libros, hasta una biblioteca de la cual sentirse orgulloso. Poco se sabe de Longos, el autor de esta suave y sensual historia de amor, la leyenda dice que nació esclavo, pero por la gran fama que obtuvo a partir de esta obra, le fue devuelta su libertad.

Es una verdadera y maravillosa historia de amor. Confieso que mi madre me la dio a leer cuando yo tenía 13 años y comenzaba a enamorarme sin saber realmente lo que eso significaba; y sin tener a Géminis predominantemente en mi propio horóscopo, presente en mi novena casa, pero recuerden que todos los signos tenemos a los demás signos en algún lugar en nuestra propia carta astral. En esa época de mi vida, aunque ya comenzaba a leer algo sobre astrología, poco sabía sobre lo que esto quiere decir. Pero si mi madre me daba un libro a leer no me hubiera atrevido jamás a dejarlo de lado y leí la historia, esperando, a continuación, encontrar un amor parecido. ¡Tardé 10 años! Pero la lectura me dejó una suave fuerza femenina que despertó en mí el saber escoger. Le agradezco a mi madre, a Longos y a Géminis el buen tino.

Bien vale la pena su lectura y en especial para Géminis. Solo voy a reproducir el último párrafo del libro porque estoy casi segura que a los Géminis les despertaré suficiente curiosidad para leer las 112 páginas anteriores.

"Sin embargo, Dafnis y Cloe se acostaron desnudos en el lecho, allí se besaron y se abrazaron sin pegar ojo en todo la noche. Dafnis hizo lo que Lycenia le había enseñado; y Cloe conoció entonces que lo que habían hecho en el bosque y en medio de los campos no eran más que juegos de niños".

El zodiaco es uno de los temas más reconocidos visualmente en el mundo, de todos los tiempos. Frecuentemente es presentado como un camino hacia doce etapas de aprendizaje que terminan y vuelven a comenzar. Igual que nuestra vida, sus andanzas y pormenores.

EL ESPEJO DE GÉMINIS

 El poeta Alexander Pope nació en 1688, justamente el día en que Géminis comienza a "ser". Es decir, el 21 de mayo (un viernes). A los treinta años ya era un poeta aclamado y sus traducciones del gran Homero fueron tan exitosas que llegó a ser el primer poeta inglés en obtener una buena fortuna por sus escritos vendidos. Bien por él y excelente ejemplo para Géminis, quien desde temprana edad debe aprender a reclamar lo que imagina que se le debe en cariño.

Pero Géminis, para ver claro, necesita aprender a mirarse en el espejo. Directamente, como si fuera Mercurio o Hermes, dios mitológico de la comunicación, sin mentirse. ¿Por qué? Es muy simple. Si Géminis posee tanta capacidad para todo lo que tiene que ver con dualidades, le ayudará mucho verse fijamente mientras tapa la mitad de su cara (mitad derecha o izquierda), estudiando muy bien el otro lado (esto es facilísimo de hacer, con cualquier pedazo de papel, revista o cuaderno); descubrirás con este ejercicio, cómo mediar para recolectar lo que realmente necesitas. Los surrealistas lo hacían con fotografías y esto tardaba un poco más. Tomaban la foto, la cortaban a la mitad y juntaban dos mitades iguales, pegando así dos lados de la cara derechos y dos lados izquierdos. Tendrás tres personas totalmente diferentes. El primero, la cara de frente, más los dos pegados. Les recomiendo que hagan la prueba. Yo tengo uno con las tres posibilidades, de Don Luis Buñuel que él mismo me regaló. Es impresionante el cambio de personajes que uno llega a entrever con ambos lados de un mismo retrato. Y vale la pena hacer un pequeño esfuerzo por obtenerlos, aunque si se les hace muy cuesta arriba, estimados y queridos Géminis, el cuaderno y el espejo bastan. Siempre y cuando lo hagan veraz y tranquilamente y miren con intensidad a la persona que les rebota la mirada, el doble de ustedes mismos por supuesto. Ni los ojos ni la boca ni la forma del contorno de la cara son iguales de cada lado y, al discutir esto con un querido amigo médico (Libra), aprendí algo nuevo. La cara del bebé en el vientre de su madre se va formando desde el contorno exterior hacia adentro, juntándose en la punta de la boca de cada uno de esos milagros llamados niños.

Bien decía Kant que era allí, en la vida común (entre dos), donde se efectúan verdaderamente los primeros pasos que llevan del estado bruto a la cultura... y Géminis comienza al darse cuenta que su verdadera vida "en común" es consigo mismo, que se puede ver desde el espejo...

Cada cual lleva su propio cuento mitológico en su carta astral personal, elaborada ésta con un sinfín de cálculos matemáticos. La fecha, la hora y el lugar de nacimiento y los números y grados que esto significa en relación con la longitud y latitud del meridiano de Greenwhich, más el horario sideral de la tierra. Se suman, se restan, se les agrega grados y se restan horas. Más de seiscientos cálculos que tienen que ver con ángulos, frecuencias y la relación de ese personaje como centro del universo. Esto es algo que no se necesita tener a la mano (el horóscopo u horroróscopo, como me decía mi queridísima amiga Cristina Bremmer) para saber qué signo eres, eso casi todos ya lo sabemos pero, en otras palabras, el mito personal de cada uno de nosotros se refleja al mirarnos en ese espejo que es la carta astral, traducido para Géminis en una sola mirada hacia sí.

Fernando Pessoa, poeta de signo Géminis, poeta de quien todos los nacidos bajo este signo deberían estar profundamente orgullosos, dice que "Hay metafísica bastante en no pensar en nada". Esto habrá que hacérselo ver a Géminis de vez en cuando para poder quererlos aún un poco más. Porque Géminis se hace un favor si se toma un rato al día para empezar desde cero. Por lo menos por un rato.

♈ ♉ ♊

Había una vez una idea, Aries la bajó del cielo para explicársela a los signos que le seguían en el eterno entorno del firmamento, y para el resto del tiempo.

Tauro a su vez, la expuso a su manera y pudo así mostrarle a los demás signos cómo disfrutar con un propósito que a la vez mejora y se convierte en un poco más.

Pero Géminis fue quien le mostró a los demás, a su compañeros Aries, Tauro, Cáncer, Leo, Virgo, Libra, Escorpión, Sagitario, Capricornio, Acuario y Piscis de qué manera comprobar que la curiosidad impera y, gracias a sus finos consejos, todos entendieron cómo investigar para hacer un poco más felices a sus seres amados.

Géminis, al verse en el espejo de su alma, siempre debe buscar el encuentro de ese ser con los pies sobre la tierra que pueda cargar a su gemelo espiritual. O viceversa. El ser totalmente mercurial y prometedor debe recordar que aun sin estar conciente de ello, lleva bajo el brazo una realidad sosegada.

Géminis tiene un lenguaje propio que necesita acomodar para que su media naranja, su "peor es nada", su gran amor, su hazme feliz, su pareja por un rato, su mejor amigo o sus personas preferidas lo entiendan. Así, siempre te querrán más y más, hasta el hastío. ¡Dichosos, pues, los Géminis!

Cáncer

Así como la figura materna —históricamente— es la que marca los límites de nuestros anhelos y, con un poco de impulso, la conquista de lo prohibido, descubrimos cómo Cáncer construye sus propias historias para alcanzar lo que quiere.

Muy pocos, a veces ni los más allegados, conocen los sueños de Cáncer (cuarto signo del zodiaco y primer signo de elemento agua). Ese misterio los hace profundos e inquietantes. Ágata, protagonista de la película *Minority Report* (*Sentencia previa*), es una mujer vive en el agua y predice una serie de crímenes, que bien podría haber sido de signo Cáncer. Su personaje parecía tomado de un rayo de luna: estaba pero no estaba, vivía pero dentro de un sueño. Y finalmente, se salió con "la suya".

Los signos de elemento agua son Cáncer, Escorpión y Piscis, pero de estos tres, solamente uno, Cáncer, se rige por la Luna, esa maravilla que en la mayoría de los idiomas es de género femenino (en alemán, la Luna es masculino: Mond). Nuestra Luna, la que nos alumbra de noche con la luz prestada del Sol, es satélite natural de la Tierra. Se encuentra a 1.3 segundos luz de nosotros, lo que equivale a unos 380 000 kilómetros y mide aproximadamente una cuarta parte de lo que mide nuestro planeta. Para los griegos antiguos, la Luna era la mágica matriz espiritual de donde emanaba todo hombre, una vez que este era tocado por sus otros atributos como la sabiduría, la energía, la gracia, la lógica, etcétera. Y en tiempos aún más antiguos, se llegaba a la Luna antes de emprender la marcha espiritual de regreso al cielo.

Yo adoro a la Luna, no solamente por el hecho de que me rijo por ella, por ser Cáncer, sino también porque me ha ayudado a explicar un poco sobre los intrigantes y apantalladores misterios de la astrología. Vean. Todos debemos saber que la Luna causa las mareas. ¿Y, si es capaz de mover el agua de los mares, cómo no nos afectará si tenemos más de 65 por ciento de agua en nuestros cuerpos? Cancerianos del mundo, fíjense siempre en la luna llena y, si es posible, no juren amor eterno ese día, pues con tanta inspiración impuesta por las efemérides lunáticas del momento, podrían despertar en los brazos del reverso de la medalla imaginada.

La Luna es la representante de la vida emocional de cada persona y su posición, dentro de uno de los doce signos del zodiaco a la hora de nacer, ordena en cierta forma nuestra manera de amar. A continuación resumo en una palabra las influencias de la Luna para cada signo, pero recuerden que habrá que tomar en cuenta la combinación de la Luna con el Sol y las combinaciones personales de cada cual.

LUNA EN ARIES. Aprendes mucho errando. Amores entusiastas o entusiasta en el amor. ¿El amor? Lo conquisto.

LUNA EN TAURO. Pondera sus amores, pero con sentido común sobrepasa toda dificultad. Lentos pero seguros en amores profundos. ¿El amor? Lo mantengo.

LUNA EN GÉMINIS. Sentimientos ilógicos cuando el corazón busca algo lógico. Mientras más experimenta mejor le irá si es sincero. ¿El amor? Lo investigo.

LUNA EN CÁNCER. Su intuición puede llevarlos lejos. A veces, demasiado lejos. Ese "sexto sentido" puede serles de mucha utilidad y traerles suerte. ¿El amor? Lo presiento.

LUNA EN LEO. Aman con gran habilidad y harían casi cualquier cosa por no dejar de amar. Si desean conquistar casi nadie puede ignorarlos. ¿El amor? Lo domino.

LUNA EN VIRGO. Sus sentimientos son intensos y reaccionan con rapidez. Pueden escribir maravillosas frases de amor y también borrarlas. ¿El amor? Lo creo.

LUNA EN LIBRA. Pueden hacerte sentir que eres lo mejor que les ha pasado, hasta que se les pasa. Su presencia calma, su amor es circunstancial y excelente. ¿El amor? Se reproduce y se reproduce y se reproduce...

LUNA EN ESCORPIÓN. La más apasionante de todas las lunas, puede equivocarse y comenzar de nuevo sin cicatrices. Necesita dirección y olvidarse de los celos. Inmensa pasión y energía. ¿El amor? Deseo tenerlo todo.

LUNA EN SAGITARIO. Tan entusiastas que a menudo confunden amor profundo con diversión total. Pero disfrutan al máximo ambas cosas. Un poco infantiles, no obstante eso también da cierto encanto. ¿El amor? Me divierte, nos entendemos.

LUNA EN CAPRICORNIO. El amor pasa primero por la cabeza, aunque cuando les llega al corazón, ese amor, el que viven en ese momento, es único y para siempre. Aunque tengan otros. Por lo mismo, tienen mucho "pegue". ¿El amor?

Que dure. Que me dure.

LUNA EN ACUARIO. Muy atractivos y pasan poco tiempo sin pareja por ser capaces de probar "de todo". Dichosos y tan impredecibles que a veces duele. Potencial para "lo que sea" pero ¡cuidado! ¿El amor? Lo conquisto.

LUNA EN PISCIS. Casi tan emotivos como Cáncer aunque menos egoístas. Con gran capacidad de contar mentirillas para complacer a su media naranja, muy creativos en el amor. ¿El Amor? Se crea. Lo creo. Lo creamos.

Es importante saber que la astrología nunca debe pretender indicarles "qué hacer". El libre albedrío es lo que siempre impera y sumado con el arte astrológico (como herramienta) podemos poner a buen uso las influencias existentes para que cada uno escoja la cantidad de "salsa que le quiere echar a sus tacos" o, simplemente, gaste lo que desee para obtener ese poco más —en este caso de amor.

Je vais délivrer celle que j´aime
s´il en est encore temps.
Et que j´ai enfermée
tendrement, cruellement
au plus secret de mon désir,
au plus profond de mon tourment.

Jacques Prévert, "Canción del carcelero", *Paroles*.

Dicen en Francia que "Jacques Prévert nos hace bien, es un escritor más humano que otros humanos" y esta es una frase de la cual toda persona nacida bajo el signo de Cáncer debería colgarse y nunca dejarla ir. Para Cáncer, enamorarse es el fin de todo empeño y la traducción libre de las líneas reproducidas anteriormente pueden servirle de inspiración:

Liberaré a la que amo
si aún es tiempo.
A la que encerré
tiernamente, cruelmente,
en lo más recóndito de mi deseo,
en lo más profundo de mi angustia.

El amor para Cáncer es eso: tormenta, angustia, maravilla, sueño, ensueño, emoción insostenible, humores buenos y malos. Cáncer enamorado o enamorada puede ser una pesadilla si no se cuida, porque está en búsqueda de la verdad absoluta (que nunca encuentra), en la búsqueda de una entrega total (que se encuentra solamente en canciones de amor). Si eres signo Cáncer, una vez al día debes hacerte la promesa que perdonarás a quien te ofende (y si es alguien que amas, que sea dos veces al día), por el simple hecho de que eres tan susceptible, que puedes ofenderte por algo que ni siquiera sucedió. Y debes aceptar que a menudo esto suele suceder. Cáncer es, gracias a la Luna protectora (aunque usted no lo crea), a quien le suceden cosas porque tienen que pasar. Es decir, rompe con un amor o la vida le muestra que terminar una relación por equis cosa es lo más conveniente y ocurre por algo. Aunque, cuidado, porque Cáncer es capaz de terminar con una relación afectiva simplemente porque voló la mosca. Sin embargo, por lo general, lo que le sucede en el ámbito de sus emociones tiene un efecto posterior. He llegado a pensar que esto es porque la Luna, al recorrer tantos signos astrológicos en tan corto tiempo (pasa por el zodiaco entero cada mes y aún más) necesita una recompensa emotiva y, sin querer, convierte la vida afectiva de Cáncer en una montaña rusa en potencia. En pequeña escala o en gran escala. Sus emociones cambian según las horas. Puede cambiar entre amor, desprecio, burla y olvido varias veces durante las 24 horas de un solo día simplemente porque es Cáncer. Lo que no puede hacer, sin mucho esfuerzo, es dejarle a sus hijos el espacio que necesitan para crecer y desarrollarse por sí mismos. Cáncer madre es la gran figura materna por excelencia y todo Cáncer que se ufane de serlo debería tomar un curso de "lesprometoquelosdejaréenpaz" alguna vez en su vida. Si lo hace, él o ella a su vez podrá posteriormente dar esa misma clase y ser premiada con honores.

Los hombres de este signo deben estudiar cuidadosamente la relación que han tenido con sus propias madres para desenmadejarse. Para simplificar un poco este enredo, reproduzco las palabras de James Lewis en su *Enciclopedia astrológica*:

Palabras claves emocionales: artísticos y soñadores, maternales, de buen corazón, domesticables, impresionables, susceptibles, imaginativos, serenos, intuitivos, intranquilos, desalentados, a veces flojos y auto-indulgentes.

Palabras claves mentales: versátiles, se sacrifican por otros, receptivos, sostienen gran veneración hacia sus antepasados y familia, perseverantes, cautelosos, reservados, ensimismados y contemplativos.

Los nacidos bajo este signo pueden satisfacerse a sí mismos de manera extraña. Saben conseguir su propia felicidad de manera real o imaginada, pensando que hacen las cosas que desean o que creen necesitar para hacer sus sueños realidad. Hace años conocí a una madre y a su hija cuyos recursos se habían reducido a casi nada y me relataban alegremente que ellas iban juntas una vez por semana al Palacio de Hierro de Durango y salían exhaustas, pero totalmente satisfechas, después de un día de compras. Se sentían muy afortunadas (me dijeron, con esa sonrisa parecida a la de la Gioconda que es afín a su signo) y bienaventuradas con las cuentas precisas de lo que habían calculado gastar. Al fin y al cabo, no compraban nada. Y eso era parte de su elaborado plan. Ambas contaban con un presupuesto de cierta cantidad (que variaba con el cambio del dólar al peso y los precios del momento) y anotaban cuidadosamente lo que les costaría una y otra prenda, a veces con un artículo para el hogar entre el montón, pero casi siempre era ropa el objeto de su preferencia. No eliminaban nada y en el "Salón internacional" ya las conocían bien. Sumaban, restaban y nunca se pasaban de lo programado "para no salirnos del presupuesto" me decían. Se medían faldas, se probaban blusas, combinaban zapatos con bolsas y abrigos de pieles finas. Los apartaban con garbo, prometiendo regresar al ratito y hasta se daban tiempo para comer en el viejo Sanborns que se encontraba en la calle Valladolid, al lado del estacionamiento de la tienda. Llegaban en su propio carro "y siempre comíamos bien y dejábamos buena propina" aseveraban. Pero al concluir su bien programado paseo mensual, no regresaban por nada. Se daban por bien servidas, se sentían satisfechas y estoy segura de que ambas

eran signo Cáncer. Ya lo dije antes, Cáncer es el signo que mejor sabe soñar.

Lo que los nacidos entre el 22 de junio y el 23 de julio deben recordar siempre, es que "para bailar un tango, se necesitan dos". En inglés suena más directo: *it takes two to tango*. Cáncer tiene la inmensa habilidad de imaginarse enamorada, querido, dejada, abandonado, compañera de... o simplemente encontrarse en un mundo y con una relación a veces un poco fuera de la realidad sin siquiera darse cuenta de ello. Por lo mismo, saben entender y darle consuelo a los que padecen de dolor en amores y todo Cáncer que tiene oportunidad debería ponerse a las órdenes de quien necesita ser consolado, puesto que su gran intuición le permite dar, dar y dar lo adecuado. ¡Y aún hay más! ¿Se han fijado bien en la tenacidad de un cangrejo? Ese animalito que corre de lado y que puede ser encontrado en cualquier playa, tiene la capacidad de perder una pinza en su fervor por agarrar lo que quiere. Quizá sepa que esa garra le volverá a crecer, no lo sé. Lo verdaderamente impresionante es cómo defiende lo que cree necesitar. La vida les da siempre, a los que navegan por este mundo con el símbolo del signo Cáncer, una nueva oportunidad.

Las representaciones gráficas de los signos astrológicos fueron inventadas por la imaginación y la curiosidad del hombre inspirado en el cielo nocturno. Aries, Tauro, Géminis, Cáncer, Leo, Virgo, Libra, Escorpión, Sagitario, Capricornio, Acuario y Piscis contienen en sus figuras señas, magia, locura y mensajes del destino presente, pasado y futuro. Son carruajes o cápsulas espaciales que nos llevan por la historia universal y nuestra propia vida. Podría decirse que en ellas siempre habrá algo que descifrar del pasado, para el presente y hacia el futuro, para simplificar un poco nuestra propia posición. El cangrejo tiene una larguísima tradición que lo relaciona con la Luna hasta en los lugares más recónditos de la Tierra. En Tailandia, por ejemplo, el cangrejo está ligado al ser que "cuida el final de todas las aguas, que se encuentra a la entrada de la caverna cósmica". En China está relacionado con la quinta hora del día, además de su relación con la Luna y calculan su paso combinado con los ciclos solares. Y en Camboya, soñar con un cangrejo en la mano significa para la mayoría de la gente que "todos sus sueños se harán realidad". El cangrejo aparece como encarnación de las fuerzas vitales transcendentales. Es decir, que traspasa los límites de la ciencia experimental. ¡Hay lugares en la India donde están convencidos de que el símbolo de Cáncer son dos hojas encontradas que deben recordarnos el metabolismo y la energía que permite la vida en todo nuestro planeta! De cierto modo, la naturaleza de

Cáncer se ve bien representada con estas palabras: nutren, ayudan al desarrollo de quien se encuentra a su lado y su naturaleza tiene un toque maternal, sea masculino o femenino.

Nunca hay que desestimar la ambición que todo Cáncer tiene para lograr su propia seguridad emocional sin fijarse en la de aquellos que quisieran estar a su lado. Esto puede ser tanto su mayor aliado como su mayor frustración si no se pierde en el romanticismo propio. Siempre hay quien quiera, todo está en que Cáncer se fije, se deje y se acople.

Cáncer nunca deja de anhelar. Es parte de su persona. Pero tiene que ponerse de acuerdo consigo mismo para anhelar lo que realmente necesita y no lo que sueña que debería necesitar. Mirando a la Luna puede obtener buenas respuestas siempre y cuando evite mezclar sus deseos con aquellos de la gran conciencia colectiva. Cáncer es quien puede servirnos de guía para encontrar nuestra "media naranja" y permitir que con él o con ella "siga la mata dando".

MITOS

Toda interpretación astrológica aporta un reto. Un reto provocado por los símbolos, así como por las estructuras síquicas y sus respectivas interpretaciones. Cualquier figura simbólica viene acompañada de una imagen intuitiva, legado de nuestra propia historia, que a menudo corresponde a algún arquetipo. Muchos de estos arquetipos nos son muy conocidos y otros son un misterio. A través de la mitología, algo en nuestro ser despierta y a menudo, sin entender exactamente la razón, por medio de estas historias fantásticas nos ubicamos en el gran rompecabezas que es nuestra vida. "Entre los dioses y los animales totémicos existe una verdadera solución de continuidad", dice la *Enciclopedia universal* de Espasa-Calpe.

Los mitos no son simples inventos, son historias relacionadas con experiencias humanas.

Existe un mito babilonio bellísimo. Marduk, después de ganar su lucha contra el caos, instauró el orden en el cielo posicionando las estrellas y los planetas. Uno de sus actos más importantes fue el de poner a la Luna en su lugar, a quien le dijo en resumidas cuentas que comenzara a brillar antes de mostrarle sus cuernos a los hombres, seis días después de comenzar su trabajo. Al séptimo día debería dividir su corona en dos y en el decimocuarto, darle la cara al mundo.

Según la leyenda, durante una luna llena, Hera, celosa diosa del matrimonio y de la maternidad le pidió ayuda a un cangrejo, quien salió de las profundidades del mar y mordió a Hércules en el tobillo. Hércules, furioso, con su pie aplastó al animal y de allí aparecieron muchas, muchísimas estrellas "insignificantes". Dice la autora Ellynor Barz, en el libro *Dioses y planetas* (Chiron Publications, 1991), que "la fase de la luna llena momentánea había pasado; tenía que formarse un cangrejo nuevo con su caparazón protector. Una y otra vez tendría que sucumbir para de nuevo crecer, madurar, y transformarse". Cuando Cáncer desconoce su naturaleza, puede confundir humildad con modestia o se disfraza de lo que no es, protegiéndose como si tuviera ese caparazón tan amoldado a su "ser". A su canceriana naturaleza.

Los mitos relacionados con el signo Cáncer tienen que ver con aguas profundas, noches, leche y maternidad, pero la historia mitológica que todo Cáncer debe saber es la siguiente.

Hércules (Heracles) era hijo de Júpiter (Zeus) y Alcmena. Juno (Hera), la mujer de Júpiter, siempre le guardó gran rencor a los hijos que este procreaba con madres mortales (que eran muchas) y por lo tanto le declaró la guerra a Hércules desde que nació.

Hera, capaz de acabar con todo aquel que molestara o se entrometiera en su vida familiar, es representativa del valor que puede mostrar una persona de signo Cáncer si cree que su familia está en peligro. Hera (para los griegos) o Juno (para los romanos) fue la diosa a quien le regalaron la posibilidad de convertir en inmortales a quienes bebieran leche de su pecho.

Como dijo Herman Hesse (signo Cáncer): "Todo merece observación porque todo tiene interpretación".

EL ESPEJO DE CÁNCER

Usa tu reflexión sin tratar de protegerte, Cáncer. Abre bien los ojos. Tu reino es todo lo imaginario. Tienes la capacidad de encontrar en el ser amado, en tus amigos cercanos, en las personas que amas, lo que tu quieras. ¡Pero cuidado! A veces depositas tu seguridad en esa persona o en aquella situación que nada, o poco, tiene que ver con la realidad. Algo imaginario o diferente a su verdadera naturaleza.

Ambrose Bierce, signo Cáncer, escribió en 1911: "Amor: insania temporaria curable mediante el matrimonio, o alejando al paciente de las influencias bajo las cuales ha contraído el mal. Esta enfermedad, como las caries y muchas otras, sólo se expande entre las razas civilizadas que viven en condiciones artificiales; las naciones bárbaras, que respiran el aire puro y comen alimentos sencillos, son inmunes a su devastación. A veces es fatal, aunque más frecuentemente para el médico que para el enfermo".

Yo, que pertenezco al signo de Cáncer, no estoy del todo de acuerdo con lo que escribe Bierce, pero tengo que confesarles que sí he pasado por momentos similares a lo que él describe. Y me he curado, casi siempre, gracias al arte astrológico. ¿Cómo? Diría, con la perspicacia y la inteligencia que siempre muestra María José Lasso, hija de la cantante Gloria Lasso: "Todos tenemos una gran fuerza por dentro que nos permite curarnos o superar cualquier cosa. Lo importante es poder poner, de cierta manera, manos a la obra". En otras palabras, acceder a esa fuerza cuando lo necesitamos. Encontrar el lugar dentro de nosotros donde esa fuerza está presente, llegar hasta él y ponerlo a buen uso.

Cáncer nace con una gran comprensión, por sincronía, de las dificultades humanas; característica innata que les permite entender las preocupaciones del alma. Principalmente las de los demás, porque, en muchas ocasiones, les hace falta que alguien entienda las suyas y que los ayude a no divagar pretendiendo que todo está bien, cuando en realidad mucho puede mejorar. Esto, por no darse el tiempo necesario para verse en el espejo con calma. Cáncer a menudo se anticipa a sus anhelos y cree que ya los tiene. Por lo tanto, o busca desenfrenadamente un amor que es inexistente o no se atreve a buscar más allá de lo que tiene, cuando lo que tiene no le funciona.

Hay veces en que simplemente evade aceptar el hecho de que puede y debe pedir un poco más. Especialmente cuando de amor se trata.

Los sueños, para todo Cáncer, tienen mucho que ver con esos espíritus que Descartes describe como "incitadores a la unión". Dicen, por ejemplo, que si Cáncer sueña con un paraguas abierto, su alma le está diciendo que se está protegiendo de trastornos. Si el paraguas está cerrado y se está mojando, es buen momento para apaciguar esos sentimientos, para acomodar los astros a tu favor, cosa bastante sencilla si se lo proponen. Tu propio inconsciente te manda señales, escúchalo.

Lo que Cáncer no sabe, lo inventa. Pero sus inventos vienen de esa gran laguna llamada "inconsciente colectivo" que conoce muy bien, hasta el grado de poder poner las cosas en su lugar. Principalmente si a los demás se les ha olvidado.

♈ ♉ ♊ ♋

La decisión de poner a buen uso "la idea que Aries bajó del cielo", la tomó Tauro y la expuso a su propia manera. Todos entendieron y se sintieron mejor. Y pudo así explicarle a los demás signos como disfrutar con un propósito que se convirtió en un poco más de amor.

Géminis fue quien les mostró a los demás, de qué manera comprobar que la curiosidad impera, y gracias a sus finos consejos, todos supieron cómo investigar para hacer un poco más felices a sus seres amados.

Pero Cáncer se transforma para poder desarrollarse. Puede cambiar de peinado y parecer una reina, o usar un batón y verse como el rey del mundo. Cáncer puede convertirse en lo que quiera para complacer a su pareja, todo radica en que realmente lo desee.

La fuerza de Cáncer reside en que Aries, Tauro, Géminis, Leo, Virgo, Libra, Escorpión, Sagitario, Capricornio, Acuario y Piscis hablen con su propia alma.

Leo

Hércules

julio 23 - agosto 22

"Ella fue ella y lo que tu quisiste."
Luis Cardoza y Aragón

Como metáfora que nos llega de antaño, si Aries es el espermatozoide y Tauro el óvulo, Géminis parecería ser la unión de ambos y Cáncer el milagro de la gestación. Leo sería la puesta en escena de todo. Con Leo, históricamente, el nuevo ser adquiere su autonomía. De elemento fuego, Leo es fijo, regido por el Sol —nuestro astro rey— único gestor de luz y energía del sistema solar.

Hay que conocerlos para quererlos (a los nacidos entre el 24 de julio y el 23 de agosto). Ellos saben instintivamente que su símbolo es en realidad un dibujo estilizado de la cola de un león. Todo tiene asignación en el lenguaje astrológico; cada parte del cuerpo es regida por alguno de los doce signos. Los mitos se acoplan con el signo del zodiaco que el cosmos confiere a cada cual. La mirada de cada uno de nosotros tiene matices de los signos y de nuestros planetas regidores. Los países y las ciudades también tienen asignaciones astrológicas: Roma, Praga, Madrid, Chicago y Los Ángeles son signo Leo, por ejemplo. Leo rige el corazón. Leo siempre buscará su propio reino para gobernarlo con buen corazón, porque de lo contrario su fulgor se convierte en fuego fatuo y nos decepciona. Y Leo tiene la ventaja que aun cuando nos desengaña lo queremos. Eso sí, cuando ellos, los habitantes del signo Leo, se sienten traicionados o engañados, pierden la cabeza. "Preferiría verlo muerto" me dijo una queridísima amiga mía cuyo marido le acababa de confesar que había embarazado a una jovencita; mientras que otra persona que venía a verme frecuentemente en consulta, me decía de su marido recién fallecido: "hubiera preferido mil veces que me hubiese engañado, pero aún tenerlo de alguna manera en mi mundo". Ambas, signo Leo, y yo recordaba que cuando estaba por parir a mi cuarto hijo, que tenía que nacer entre el 5 y el 15 de agosto, asusté al médico al confesarle que yo "no podría lidiar con un hijo Leo, yo quería Virgo". Y a pesar de las risas y burlas del doctor, nació Virgo y somos una familia bastante feliz. No es que no me guste Leo, creo que si hubiera más leos en este mundo sería seguramente un mundo mejor, pero Leo tiene que sentirse "el mandón" para estar en sus trece y eso no hubiera resultado conmigo. Mick Jagger, Jaqueline Kennedy, Fidel Castro, Napoleón Bonaparte y Mae West eran todos de signo Leo. Luminosos, cada uno a su manera, pueden ser terribles enemigos o pareja amorosísima. Hay una frase de Nietzsche que no me canso de usar porque nada los define mejor: "El egoísmo es la esencia misma de un alma noble".

Esa pequeña frase, dicha por ese gran hombre, podrían llevarla grabada en el alma o en letras tatuadas dentro del corazón tanto Leo como todas las personas que tengan la suerte de encontrarse con una persona de este signo que los quiera.

Leo, para calmar sus propias ansias, para su sosiego, para poder vibrar como solamente Leo lo sabe hacer, tiene que reconciliar su alma con eso que se llama egoísmo. Un egoísmo que se asemeja a lo dicho por Sócrates: conócete. "Conócete a ti mismo" es la frase completa. Si uno se conoce, se sabrá medir para convivir y se tendrá todo el amor propio que es necesario para poder amar, querer, ayudar, complacer y ordenar los actos de tal manera que con compostura y facilidad se pueda cuidar y pensar en los demás para bien de todos. El acto de "ser egoísta" está regido por el signo Leo, pero hay que recordar que cada uno tiene a Leo en algún lugar del horóscopo personal. El lugar preciso para cada cual depende del signo y del ascendiente que a su vez se calcula con la hora precisa del nacimiento. ¡Las matemáticas y la precisión siempre van de la mano con la astrología! En resumidas cuentas, si Leo se encuentra sobre el ascendiente o en la primera casa, el egoísmo debería ser manejado para recargar energías cada vez que se tenga oportunidad. Si Leo está en la segunda casa, habrá que aprender a ser egoísta con los bienes propios para beneficio de los seres queridos. Si Leo aparece en la tercera casa, esta palabra (egoísmo), tan mal interpretada por tantos, debe ser puesta en acción bajo el rubro de las amistades, los vecinos y el "acelere" de la vida. Leo en la cuarta casa subraya la necesidad de ser egoísta con la propia intimidad, con el hogar y con la vida contemplativa. Cuando Leo se encuentra en la quinta casa, esa parte llamada egoísmo debe ser reforzada en el área de la libre expresión. Leo en la sexta casa enfatiza que la persona debe, con "D" mayúscula, refinar sus técnicas de vida y ser egoísta con su propio cuerpo. ¿Leo en la séptima casa? Egoísmo en relación tanto con sus asociaciones como con sus relaciones matrimoniales; y pedir consejo más de lo que acostumbra. Cuando Leo está en la octava casa, el individuo debe enfocar su egoísmo hacia su propia vida sicoló-

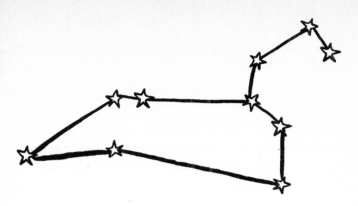

gica, es decir, mejorar las pautas de comportamiento. Leo en la novena casa, egoísmo con el espíritu de los estudios y los viajes. Leo en la décima casa está puesto para quienes necesitan ser egoístas con todo lo relativo a su entorno externo, es decir, la carrera o la relación con la sociedad dentro de la cual se desenvuelve la persona en cuestión. Leo en la onceava casa, hace que por el bien de Leo, su egoísmo se dirija hacia las amistades y a sus deseos de mejorar su estándar de vida. Por medio de una mayor cooperación entre los suyos, quizás. Y el último, Leo en la doceava casa, es un lugar un poco complicado, pero si logra ese Leo acomodar su egoísmo como debe de ser, no hay quien lo supere; habrá que ser egoístas con dos cosas, la primera es con ciertos patrones de comportamiento (cada Leo tiene la tarea de encontrar en qué puede mejorar) y con las señales enviadas hacia el mundo. Es decir, tomar en cuenta que los demás existen y que Leo ha logrado comunicar sus ideas con acierto. Prueben esto cada vez que tengan oportunidad.

Es importante remarcar que he elaborado esta lista de "Leo en el horóscopo personal" por dos razones. La palabra egoísmo asusta a la gente y es menester que los Leo entiendan y hagan comprender que a pesar de los regaños ("no seas egoísta, hijo" o "¿no entiendo cómo puedes ser tan egoísta?", entre otros) la propagación de su egoísmo es de suma importancia para los nacidos bajo este signo. Un egoísmo inteligente y que, por supuesto, procure a los demás y evite el dolor ajeno.

Leo busca una pareja que lo adorne. Leo busca adornar a su pareja. Leo "jala parejo si le conviene". Leo hace que su pareja quiera jalar parejo con él. Leo quiere ser el rey. Leo si no es el rey trata de ser el que manda o tiene arranques de fanfarronería. A Leo le hace mucho bien ser digno foco de atención, pero ¿a quién no? Leo puede exagerar su posición y parecer superficial por olvidarse de su lugar. Leo intuitivamente sabe evaluar con buena perspectiva pero puede perderse en un narcisismo complaciente. Leo triunfa con brío y no soporta perder el control de su destino.

Leo es quien puede inventar momentos exquisitos que compartirá con su pareja. Aunque también habrá que tener en cuenta que puede superarse siempre (en la siguiente ocasión). Un ejemplo de esto podría ser lo que el músico Zbigniew Paleta puso a buen uso. Aquí reproduzco su *elixir auténticamente afrodisíaco*. No sé si el músico es Leo o no, pero como si lo fuera:

"Debe fermentarse el betabel cubriéndolo con ajo y pan negro. Después de 10 días extraer todo el líquido y sumarlo a un caldo hecho a base de puras verduras, caldo concentrado. Añadir más ajo. Hay que llevarlo calientito a la mesa o a la cama. Es sólo un detalle. Sorberlo despacito, rojo líquido, sopa vital, para que ambos, siempre dos, pasen a ser un detalle más de su propio pasaje interior".

Leo también puede convencerse o convencerte de que eres lo mejor que le ha pasado y construir momentos únicos para gozar, amar o estimar. Leo puede ser el rey del mundo o el rey de la pesadumbre. Fácilmente puede hacer que sus acompañantes sean participes de su felicidad o culpables de su pesar. Su triunfo lo goza solo o sola y, cuando ama, está seguro o segura que "el ser amado" es alguien único, muy especial. Esto porque Leo se sabe merecedor de lo mejor, quizá por el simple hecho de tener a la única estrella de nuestro sistema solar como su regente.

El poeta francés Jaques Prévert (acuariano, signo directamente opuesto a Leo pero que puede aportarle el ying a su yang o viceversa) resume su posición ante el Sol en estas líneas:

"El Sol ama la tierra,
la tierra ama al Sol.
Así son las cosas,
lo demás no debe importarnos."

Tal cual debemos dejarnos querer y querer a la vez a nuestros hermanos de signo Leo. Darles la influencia edificante que necesitan y exigir que ellos, a su vez, nos reconforten si nos sentimos desprovistos de amor. Cada Aries, Tauro, Géminis, Cáncer, Virgo, Libra, Escorpión, Sagitario, Capricornio, Acuario y Piscis debe tener el teléfono o la dirección en línea de algún Leo en quien confiar para ser "apapachados" cuando lo demás falla.

Y todo Leo debe ser dueño de un libro con las aventuras y tareas de Hércules (Heracles) para abrirlo al azar en el momento justo [...] en esas páginas siempre encontrará una respuesta digna a cualquier pregunta. Elaborada con más amor de lo que ustedes —leos— pueden imaginarse, por medio de una combinación mágica de los dioses antiguos, el cosmos y tu buena estrella.

MITOS

"No anheles que las cosas sucedan de acuerdo a tus deseos, deséalas como son y las hallarás."

Esta frase de Epicteto podría parecer lo opuesto a todo lo arriba mencionado para Leo en su búsqueda de "un poco más de amor". Y Leo podría ser el primero en la fila de quienes aseveran tener todo el amor que necesitan. Aunque no sea el caso. La frase de Epiktetos o Epíteto, cuyo nombre quiere decir "adquirido", fue escrita alrededor del año 55 a. de C. y este filósofo estoico y propugnador de "éticas", enseñó una filosofía de vida dentro de la cual "la opinión, el querer, el deseo y la aversión" eran las únicas acciones que realmente le pertenecían al hombre y lo podían hacer libre. Él pensaba que la vida consistía en reconocer que los humanos somos dueños de una sola cosa, nuestra voluntad o propósito. Leo tiene mucho de ambos y familiarizarse con los mitos que le permitan hacer un sin número de viajes extraordinarios es justamente lo que necesita; esto dejará sueños dorados en su imaginación.

En tiempos de Homero, ese hechicero del alma y narrador de cuentos tan cercanos a la búsqueda del verdadero hombre, se usaba la palabra *müthos* (mitos) para describir "narraciones y conversaciones", no la ficción. Platón usa la misma palabra para decir "recalcar algo que no deja de ser verídico pero que en su mayor parte es ficción". A Leo no le debe importar una cosa o la otra para inspirarse. Las historias mitológicas deben prenderle una especie de "mecha personal" que llevará consigo para toda la vida, deben transmitirle una necesidad para tratar de buscar y, por supuesto, encontrar su propia verdad al hacerlo. Esto con el fin de encontrar su pareja perfecta o perfeccionar la relación de pareja que ya tiene. Nada mejor para Leo que Hércules, quien deja en nuestra sique un concepto de continuidad vital.

Herácles o Hércoles es quizá el más famoso de los héroes de la mitología griega. No creas, Leo, que por tenerlo como estandarte personal eres el mejor de todos los signos, aunque todos tengamos la seguridad de que aspiras a serlo. Hijo de Zeus, sus trabajos son probablemente un legado del reinado de Argos, de tiempos aún más lejanos que el de los griegos de la antigüedad. Los mitos que alrededor de su persona se han forjado son interminables, inigualables y de una complejidad que sólo la vida real podría superar.

La historia de Hércules y sus doce casi imposibles tareas es una de las más asombrosas, inauditas, prodigiosas y fantásticas de la mitología. Tendrían que leer toda la *Odisea* y toda la *Ilíada* para desenredar sus lazos familiares y todas sus hazañas. Háganlo porque sería demasiado largo para contarlo aquí. Sepan que todo Leo debería saberse estas historias casi de memoria para poderlas usar como un pozo sin fondo de inspiración.

Hércoles y Heracles son la misma persona. El nombre de Hércules viene de raíces latinas y Heracles tiene raíces griegas.

La historia que tienen que conocer es la de sus tareas. Cuando estaba en la cuna, la celosa Hera, esposa de su padre Zeus, trató de matarlo y con sus manos de bebé pudo defenderse; esto le permitió crecer, casarse y sobrevivir. A los 18 años ya había tenido casi tantas aventuras como posibilidades de vivencias existen sobre la faz de la tierra. Historias que Leo debe conocer y reservar un tiempo para hacerlo. Lo más importante para Leo es conocer la relación de vivencias de Hércules con sus doce tareas o trabajos. Averiguar sus otras hazañas es buena tarea para Leo o para quienes quieran hacerle un regalo.

Castigado Hércules por Euristeo, su ñiquiñaque medio hermano (llamémosle "el malo"), éste le asignó 12 trabajos o tareas como castigos que debía cumplir en el espacio de 12 años.

La primera era acabar con el León de Nemea; al realizar este primer trabajo se hizo una capa-armadura con la piel del animal. En la segunda hazaña tuvo que matar al monstruo de las nueve cabezas. La captura del ciervo de Arcadia y la captura del jabalí salvaje son la tercera y cuarta. El quinto trabajo era el de limpiar en un sólo día los establos del rey de Augía (que no habían sido aseados en 40 años); para que se den una idea de lo inexplicable y genial de sus destrezas, sepan que esto lo hizo simplemente desviando dos ríos. La sexta tarea se le hizo más fácil; tuvo que cazar a los monstruosos pajarracos, habitantes de un pantano, que comían hombres, mujeres y niños. En séptimo lugar, domesticar al toro furioso de Creta que echaba fuego por las narices. La octava hazaña (y hay quienes relacionan cada hazaña con uno de los signos del zodiaco, por lo tanto este trabajo se le asignaría a Escorpión) fue traer vivo al tremendo Diómedes que daba de comer carne humana a sus caballos. En el número nueve tuvo que buscar y encontrar el cinturón de la amazona Hipólita. Las hazañas diez, once y doce eran, respectivamente: conducir hasta Grecia el rebaño de bueyes de Gerión, traer las manzanas de oro del jardín de Hespérides y apartar de la puerta del Hades (que era la entrada al infierno) al perro Cerbero de tres cabezas y así libertar a Teseo. ¿Serán estas proezas milagros para que veamos nosotros, simples humanos, a través de los ojos majestuosamente profundos de Leo que, con inteligencia, fuerza de voluntad, destreza y un poco de ayuda de los cielos, todo se puede? Posiblemente.

Para ti, Leo, el trabajo de interpretar cada historia y, uno por uno, a los doce signos del zodiaco o a aquel signo que tú hayas designado como acompañante en el mundo de pareja, puede ser de gran inspiración. ¿Por qué? Porque estas hazañas son como primas hermanas de tu propia vida aunque nunca salgas de tu cuarto, cosa que dudo. El primer trabajo podría ser un aforismo a modo de adivinanza para Aries, el segundo para Tauro, el tercero para Géminis y el cuarto trabajo será para Cáncer. La limpieza de los establos con el desvío de los dos ríos es la tuya y la defensa de la familia (hombres mujeres y niños) es definitivamente para Cáncer. El número siete es para Virgo, el ocho para Escorpión y los trabajos nueve, diez, once y doce les son asignados a Sagitario, Capricornio, Acuario y Piscis respectivamente.

Maimónides escribió que "El conocimiento humano es limitado. Mientras el alma reside en el cuerpo, no puede saber que existe más allá de la materia [...] Sólo lo que es parte de la naturaleza puede ser percibido y comprendido. La existencia del hombre sin embargo, es un gran beneficio para él, y su distinción (que lo hace un ser único) es un don divino".

Del don mitológico al don personal hay unos pasos. Entenderlos siempre aportará algún conocimiento para saber cómo asir ese "poco más" que, para muchos de tu signo, podría ser de amor, propio o ajeno, porque para ti es más importante sentirlo que repartirlo.

EL ESPEJO DE LEO

Si Leo quiere o ama como reflejo narcisista, puede hacer mucho daño. Pero si el objeto de su querencia, amistad o pasión lo ayuda a sentirse mejor para su propio deleite y no por el "qué dirán", puede llegar a conquistar ese "algo", que tan difícilmente se encuentra, llamado felicidad.

"La mirada en el espejo termina siendo una ilusión que te da la fantasía de completitud cuando realmente hay algo que falta y no se refleja. Eso es la reversibilidad del espejo". Esto me lo dijo una reconocida sicóloga argentina, cuya especialidad es ayudar, ayudar y ayudar.

Leo se ayuda cuando se ve en el espejo. Leo debe aprender que todo deseo es un sustituto y que los objetos son eso, sustitutos. Y cuando Leo haya aprendido esto, podrá querer de tal manera que no habrá quien pueda resistirle, meta de un gran porcentaje de leos en este mundo. Después, ya sabrán cómo escoger a la persona adecuada. Para novio, para amante, para un rato o para lo que Leo decida; para "su" versión de la palabra siempre.

Con suerte y rodeada (o rodeado) de las personas que le convienen, Leo podrá desarrollar sus excelentes poderes perceptivos. Es decir, conocerse a sí mismo lo suficiente como para confiar cien por cien en sus actos y decisiones propias, a tal grado que cuando las cosas no salen como estaban previstas o simplemente terminan así nada más, en seco, Leo sabrá como pedir ayuda (número uno en importancia) a la persona adecuada (número dos). Con eso no solamente se podrá dar por bien servido en lo que a sí mismo concierne, sino que verá lo fácil que es repartir aún más de esa gran bondad con la que nacen y que tienen bajo toda circunstancia. ¿No lo sabías, Leo?

A que tampoco sabías lo que dicen de ti. Dicen en casi todos los libros sobre astrología, los serios, los jacareros, los profundos, los simples y entretenidos, los equivocados y los muy superficiales, algo divertido. Que para Leo, toda la vida es un teatro. Que los que te rodean son tu público. Y lo que no dicen es que por lo tanto, aunque te cueste mucho trabajo aceptarlo, necesitas un buen director. ¿Cuándo has visto una buena obra puesta sin buen director?

♈ ♉ ♊ ♋ ♌

La decisión de poner a buen uso la "idea que Aries bajó del cielo", la tomó Tauro y la expuso a su propia manera. Todos entendieron y se sintieron mejor. Y pudo así explicarle a los demás signos cómo disfrutar con un propósito que se convirtió en un poco más amor.

Géminis fue quien les mostró a los demás, de qué manera comprobar que la curiosidad impera, y gracias a sus finos consejos, todos supieron como investigar para hacer un poco más felices a sus seres amados.

Pero Cáncer se transforma para poder desarrollarse. Puede cambiar de peinado y parecer una reina, o usar un batón y verse como el rey del mundo, parafraseando su transformación. Cáncer puede convertirse en lo que quiera para complacer a su pareja, todo está en que realmente quiera.

La fuerza de Cáncer reside en que todos hablen con su propia alma.

Leo embellece todo y Aries, Tauro, Géminis, Cáncer, Virgo, Libra, Escorpión, Sagitario, Capricornio, Acuario y Piscis deben dejarse llevar por sus consejos; así, siempre tendrán un poco más de amor con esplendor.

Virgo

Deméter

"La necesidad es un rasgo objetivo de todo el universo"

Dicen que Virgo ve demasiado claro como para no prever los peligros y, desde su atalaya —un poco apartado de todos—, sabe que la vida es triste aun .en sus mejores momentos. El humano es un animal que padece tristeza *post coitum*, dicen los habitantes de muchos signos astrológicos. Virgo lo sabe sin tenerlo que escuchar y por eso Virgo es uno de los signos mejor preparados para lo que venga. "Pienso y soy", de eso está segurísimo.

Con Virgo hay que irse con cuidado. Es el último signo antes de la segunda mitad del zodiaco, lo cual significa que los nacidos bajo este signo son quienes más deben cuidar su apariencia externa porque es a quienes menos les importa. Su número de suerte es el 6 (¿seis amores?) y con Virgo, repito, podemos dar el primer paso para entender un poco más de nuestro propio universo. Y, por supuesto, Virgo se supera diariamente para no cejar en su propia búsqueda de "un poco más de amor".

Virgo se rige por Mercurio, como Géminis. Pero eso es lo único que tiene de semejanza con el tercer signo del zodiaco. Para Virgo la correlación con las estaciones del año está dada por el tiempo de cosecha y, por tanto, Virgo es quien mejor puede recopilar, resumir y ganarse (además de atraer) sus propios éxitos, odios, fracasos, simpatías, amores, cuidados, ocupaciones, ¡hasta sus coincidencias!

"¡Que Virgo se pinte solo!" Han de haber dicho los dioses cuando decidieron confeccionarlo. Ser Virgo es una ocupación, un conjunto y un acaecimiento.

Una ocupación porque Mercurio no les permite dejar de pensar y un conjunto por el hecho de que sus instintos siempre les harán pensar más de lo que quisieran aunque estén haciendo otras cosas. Es decir, Virgo siempre está en dos asuntos a la vez: como ver o imaginar lo que es saludable y no saludable, lo que puede ser útil o inútil, lo que tiene valor o lo que no lo tiene; y esto sucede a causa del gran fervor que tienen para hacer todo con detalle. ¡Hasta en el baño, caray! Y para las dichosas y dichosos enamorados de

Virgo, lo único que les queda por hacer en este mundo es soportar, aguantar y distraerse un poco, porque Virgo no cambia. Simplemente hay que quererlos mucho. Ellos son personas de hábitos y, por lo general, se complacen en sus propios hábitos.

Por lo mismo exigen aún más y son capaces, nuestros queridos personajes Virgo, de meterse tremendos autogoles a causa de su cauteloso perfeccionismo. Puede Virgo, con voz de maestro, decirte "ya vez, te lo dije" y hacerle sentir a Aries, Tauro, Géminis, Cáncer, Leo, Libra, Escorpión, Sagitario, Capricornio, Acuario o Piscis que lo considera un pobre ser que ni tiene la razón y tampoco merece tenerla. Inmediatamente después Virgo examina, perdona y nos hace sentir en deuda con él, por "no habernos dado cuenta antes". Virgo sabe como hacerle sentir a los demás que su sabiduría es grande y total y que su maestría y su razón son únicas. Esto sucede hasta que los dejan de querer.

Así que para los nacidos entre el 24 de agosto y el 23 de septiembre, los amores no son fáciles, inclusive hay quienes se despiden de Virgo casi antes de comenzar. Pero, sépanlo todos, Virgo tiene un corazón que merece y demanda amores duraderos. No perdonan las fallas pero desean un amor duradero, eterno... y si Escorpión es el signo de "recriminaciones perpetuas", Virgo es quien, en el duodécimo quinto aniversario de la relación, es capaz de recordarte la falla que con él o ella tuvo en la primera cita o durante "aquella primera vez..."

Una vez que haces "click" con Virgo es difícil apartarlos de tu vida, pues te quedará un gran vacío sin su compañía, ácida quizá, pero penetrante. Estoy convencida de que sin Virgo, no tendríamos un "alter ego".

Así, Virgo nos permite encontrar nuestro "otro yo" y esto podría provocar una estampida hacia los brazos de todo Virgo. Si algún Virgo es tuyo, cuídalo, pues hay quien lo querrá para sí. Virgo frecuentemente nos aleja de sus brazos por hacernos ver, aunque nos duela, quiénes somos realmente y no puede ofrecernos una buena respuesta cuando le preguntamos "¿y cómo quisieras que fuera?" Porque a Virgo no le interesa que cambies sino que cuestiones tus razones de ser. Virgo, gracias al buen uso que puede hacer de

Mercurio —el planeta que lo rige y manda— nos ve con ojos de rayos x. Como si fuera superman. De cierta manera yo siempre he pensado que si Superman/Clark Kent tuviera un signo astrológico, tendría que ser Virgo. "Siempre preocupados por lo óptimo, su fuerza es tremenda aunque parezca que hacen un mínimo esfuerzo". Su disputa es contra el caos. No son, como generalmente los describen, "tan ordenados". Sabe Virgo que el mundo es un caos y se rebela. ¡Bravo pues!

Definitivamente un poco pedantes, y la mayoría de los que viven cerca de Virgo estarán de acuerdo. ¿Quejumbrosos y exigentes? Por supuesto, aumentado y multiplicado por tres. ¿Irritantes? Cuando te cantan tus verdades tienen que serlo. Pero cuando un Virgo te abraza, no lo olvidas. Y curiosamente, en el amor, puede ser absolutamente inhibido. Excelente regalo para quien aún no ha probado ese elixir.

Mercurio, el mensajero de los dioses, llamado Hermes en las historias de la Grecia antigua, era el dios de las palabras, el lenguaje y la inteligencia. También de los viajes y de los caminos cruzados. En 1647 el gran astrólogo Guillermo Lilly escribe que: "Mercurio tiene acceso directo a los contratos, los negocios y las negociaciones, todas las artes que tengan que ver con la sutilidad misma y las estratagemas o los artificios, la astronomía, la astrología, las curiosidades, además de la curiosidad, y las ciencias liberales".

Habrá que tener siempre a un Virgo cerca para ayudarnos a comprender este mundo. Ay, pero sí son bien difíciles de conquistar. Tienen ideas a menudo tan preconcebidas, que por el simple hecho de haber notado algo que le disgustó de manera mínima, te borra de su lista de amigos, amantes, pareja, hermano del alma o compañero de trabajo confiable.

El símbolo de Mercurio —su planeta protector— es el caduceo (palabra que todo Virgo debe asimilar y compartir). Esto es, una vara delgada rodeada por dos serpientes y simboliza la reconciliación de los opuestos.

Quizá esto quiera decir en lenguaje cósmico que cualquier signo va bien con Virgo, aunque cada Virgo tendrá su preferencia de lo que debería ser "su" pareja; la búsqueda de la perfección, casi imposible de hallar, Virgo la tendrá que realizar por sí mismo. O quizá Virgo y su "virgomanía" sean sólo un puen-

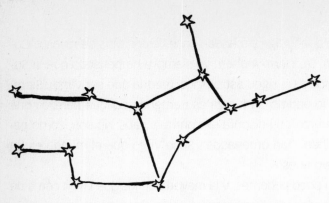

te entre dos estados mentales, de ahí el *alter ego*, porque Virgo siempre sabrá de manera ingeniosa que es lo que "deberían de haber hecho" aquel o aquella que se encuentran a su lado. Nunca lo que Virgo debería de haber hecho, lo que pudo haber mejorado y puesto de lado, esto para Virgo es tarea ajena. Su lógica te enloquece y podrá convencernos de que tiene razón aunque con su amabilidad y carisma parece estar diciéndote todo lo contrario. Por eso, hay que amarlos mucho. Ellos (Virgo) también saben que están entre la espada y la pared del amor, del deseo, del cariño y de la amistad de quien los acompaña y eso les duele bastante. Además saben que tienen que ser así, de lo contrario no serían Virgo. Viven un poco dolidos pero esto también los hace mucho más interesantes que otros.

Virgo, en lenguaje astrológico, es de elemento tierra y esto lo asimila sin la gran solidez de Tauro o Capricornio (los otros dos signos del mismo elemento) y por lo mismo su apego a personas y cosas es más personal. Sin las exageraciones irracionales de Cáncer (con quienes se llevan bien) Virgo se siente defraudado con el continuo ir y venir de los personajes que entran y salen de sus vidas. Pueden acordarse con añoranza de un amigo que tuvieron a los 10 años y sentirse un poco desilusionados de la vida simplemente porque nunca lo volvieron a ver. Las cosas muy simples también pueden convertirse (subjetivamente) en objetos con recuerdos personales importantes: "ese sillón tan cómodo" o "aquel carro que tanto le gustaba a fulano". Pero Virgo también es quien se acordará de un platillo especial que a equis persona le gustaba, ¡alguien que no ha visto en 12 años! Un poco para contrarrestar, Virgo debería hacer listas para compartir en algún momento con quienes desee entablar un poco más que un simple "hola, buenos días" o el acostumbrado "cómo estas". "Nos hablamos" es algo que Virgo se toma muy a pecho y si le regalas algo que no le gusta, no te perdonará por no conocerlo lo suficiente. Tú, Virgo, deberías hacerte el favor de apuntar en una de las múltiples listas que debes tener, en una sección especial, tus verbos personales. Y en especial para cualquier conquista amorosa tomar en cuenta los siguientes: analizar, ayudar, criticar, descubrir, ganar, razonar; enseguida continuar con lo que tú consideras que te motiva y finalizar con los signos que la vida te va poniendo en el camino y que tienen que ver con lo que tú supongas capacidades y cualidades tuyas. Esto último debe ser algo sumamente personal. Como una lista de sueños y posibilidades. Y por favor, Virgo, con el tiempo aprende a compartir esas listas con tus seres queridos. No las dejes arrumbadas en un papel arrugado y perdido. Comparte, comparte, comparte. Aunque te cueste trabajo. Si puedes hacerlo habrás sobrepasado el primer obstáculo para lograr tener un poco más de amor.

Escribir palabras de amor debe ser algo que puede serte de gran utilidad, Virgo. No sólo porque muchos poetas y escritores han nacido dentro de este signo: Jorge Luis Borges, Johann von Goethe, Dante Alighieri, Charles Baudelaire, Álvaro Mutis, Truman Capote, Ítalo Calvino, Juan José Arreola, Pablo Neruda, T. S. Elliot, Eurípides, Juan García Ponce, D.H.Lawrence y el mismísimo cardenal Richelieu; sino también porque la palabra siempre será tu amiga y confidente. Virgo, para ser digno de tu propia palabra, debes poseer un buen diccionario. No tienes que limitarte, puedes tener más si puedes o quieres. El asunto es que en lugar de sumar disgustos, sumes palabras.

Desazón, displicencia, quitasueño, resquemor, fastidio, desavenencia, escozor, contrariedad, querella, sofocón, mal humor, mal trago y disensión son doce palabras que bien harías en borrar de tu lexicón, específicamente cuando estás al lado de tus seres queridos.

Estoy convencida de que a través de un mejor conocimiento de los mitos que atañen a tu signo y con un poco de apertura, podrás suplir por lo menos una vez al mes cada palabra negativa por una positiva.

Placer, agrado, atracción, felicidad, bienestar, euforia, sosiego, animación, consuelo, alivio, satisfacción, avenencia y ventura (de pilón). ¡Simplemente con decirlos y compartirlos deberías estar de mejor humor! Ahora, incluye alguna de estas palabras en unas líneas poéticas, un haiku, una canción, una carta, un aforismo. "Un momento de sabiduría vale a veces la experiencia de toda una vida" dijo un hombre sabio. Estas palabras tienen especial significado para Virgo porque a él o a ella, les ocurren momentos sesudos con el mínimo esfuerzo. Todo lo que tienen que hacer es invocar a Hermes o al mismo

Mercurio de siempre, ponerse a pensar y, de preferencia, dejarse ir por el "lado soleado de la calle", evitando los obstáculos para su propia felicidad y para la de quien esté a su lado.

A Elizabeth I de Inglaterra le llamaban la "reina virgen". Era de signo virgen, pero de virgen auténtica tenía poco. Aquí habré de recalcar el hecho de que jamás mezclen uno de los significados de este símbolo astrológico (la virginidad) con ser o no ser castos. Incorruptos quizá, pero puros, pocos. Y para el bien de las generaciones por venir ¡qué bueno! La fuerza detrás de este símbolo históricamente es una búsqueda y una mejora de compostura al tratar de aliviar y restaurar la división existente entre el cielo y los humanos. Entre lo que es y lo que pudiera ser. Se podría decir que de cierta manera a Virgo, la enajenación de la humanidad en su relación con dios le consterna.

Posiblemente el primero en atreverse a cuestionarle a su suerte "por qué" fue alguno de este signo. Y de allí su reputación de conservar su "integridad original" (por buscar otra palabra que no sea virginal). Si Virgo no usa su versatilidad intelectual haga lo que haga o se dedique a lo que se dedique, pierde un porcentaje altísimo de fuerza y capacidad para dar, pedir, manejar o investigar; se disminuye.

Virgo tiene sus propias reglas y para acercarnos a él o a ella, o para que Virgo se acerque a los demás, hay que romper esa barrera que lo aparta quisquillosamente. Habrá que hacerle ver que más, en amor, siempre es mejor. Y ya, limpio de dudas, Virgo sabrá a la perfección cómo gozarlo.

MITOS

Para captar el valor total de las figuras mitológicas que nos han llegado a través del tiempo y de la historia, tenemos que entender que no solamente son síntomas del inconsciente (tal y como son todos los pensamientos y actos humanos), sino también son aseveraciones de ciertos principios espirituales que han sido tan constantes durante el curso de la misma historia del hombre como la forma y estructura del cuerpo físico en sí.

J. Campbell

Cada signo del zodiaco tiene asignado uno o varios mitos pero esto no quiere decir que la historia de Aries, Tauro, Géminis, Cáncer, Leo, Virgo, Libra, Escorpión, Sagitario, Capricornio, Acuario o Piscis tenga únicamente una vía de arquetipo. Las historias y los mitos tienen a su vez sus propios consentidos que tienen que ver con ejemplos y enseñanzas del destino personal de cada uno de los doce signos del zodiaco. Como si Jasón, Cástor y Pólux, Hércules, Hermes, Orfeo, Orión (los centauros) Atlas, Prometeo y Poseidón, entre otros, le llevarán un mensaje personal a cada cual. Y así, de alguna manera alocada y fantástica, por su larga trayectoria mítica, los dioses antiguos aparecen con más relevancia dentro de un capítulo que en otro y así están presentados. Por lo tanto, lo más importante es darse cuenta que cada mito tiene un mensaje que cada quien debe y puede descifrar, leyendo su mensaje entre líneas y construyendo el camino. ¿Cuál camino? El que nos lleva hacía el conocimiento de lo que somos capaces de hacer, afrontar y lograr de manera personal. Las historias de la mitología griega son cuentos que llevan símbolos fantásticos, pero también reales. Muestran la valentía que va de acuerdo con la sique del ser. Dentro de este capítulo, las historias mitológicas de Hermes, de las vírgenes locas, de Deméter (también llamada Ceres) y Astraeus, diosa de la justicia que dejó la tierra para convertirse en la constelación de Virgo, deben ayudarte a pensar en ti y ser un ejemplo de lo que puedes hacer para mejorar tus relaciones. Las íntimas, las amistosas, las que socialmente te afectan y las que pueden proporcionarte sosiego.

Por ejemplo, en época de los antiguos griegos, Deméter llevaba por nombre Dike, cuyo lema era *Justitia semper librans* que quiere decir "justicia, siempre equilibra". Equilibrio de fuerzas en otras palabras. En el cuento, Dike vivía sobre la tierra entre los mortales durante lo que en aquel entonces ya era el pasado lejano. Le decían la "época dorada". Cuando los dioses se retiraron a su atalaya, ella quiso quedarse entre los hombres un poco más, pensando que podría hacer algo para que los humanos enmendaran sus modos. No le fue posible y, así, Ovidio la describe en uno de sus versos "*virgo caede mandentis / ultima caeslestum terras Astraea reliquit*" (Ascendió al cielo, donde la vemos como la constelación de Virgo). Los poetas de la antigüedad predijeron su regreso a la tierra en cuanto vuelva una nueva época dorada. Aún esperamos.

Así es que, Virgo (signo, persona, constelación, historia, cuento, mística, magia, personalidad) está aquí para balancear esa espera y enseñarnos de que modo podemos aguantar. Virgo, recuerda que esa es tu misión ante todos los casos imaginables y debes compartir con nosotros tu sabiduría. No solamente con los que ames, también con los que aprecies y hasta con los que apenas "te lleves". Así, todos podremos aguantar mucho mejor lo que sea la voluntad de eso que llamamos el porvenir. Lo que nos depara el destino. Y nosotros aprenderemos a agradecerle su esfuerzo además de querer a todo Virgo un poco más.

Cada mito es una historia completa en sí, que a la vez forma parte de las preguntas que nos hacemos al pensar "quién soy y qué hago aquí". Cada historia proporciona una respuesta propia a quien la medita. No tienen edad. Fueron repetidas de boca en boca, recitadas por personajes cuya única misión en la vida era contar esas historias de dioses y nos llegan hoy día tanto en bellas ediciones, caras y finas, como en maravillosos libros de bolsillo que cualquiera puede adquirir. La edición del libro no es lo importante, lo que sí importa es el contenido y el hecho de que llevan más de 4000 años circulando, inspirando a los lectores. Lo de entonces, podría ser ahora. Y el "ahora" es justamente lo que el destino está en proceso de presentarnos. Virgo está leyendo este capítulo porque obtener "un poco más de amor" le interesa. ¡Debería gustarle!

Eso, para cualquiera es bueno, pero para que Virgo lo admita, es excelente. Virgo mismo debe saber que sólo se siente bien cuando puede convencerse de que su trabajo vale la pena. Clark Kent reporteaba sigilosa y silenciosamente, pero se convertía en Superman y cambiaba el mundo. La llave del éxito no tiene que ser algo que cambie todo. Para que esto suceda, tú, Virgo, tendrás que conocerte un poco más y permitir a quien te quiere que te conozca y pueda así compartir algo contigo. Ese algo no es ni muy fácil ni muy difícil, más bien "difácil" como decía uno de mis hijos cuando tenía cinco años. Quizás un poco más "difácil" para Virgo que para otros por el hecho de que, cuando de Virgo se trata, hay que andar de puntitas para no molestar. Quizá Virgo sea quien tenga que construir sus propios "mitopoeias", palabra que significa la creación consciente de un mito.

EL ESPEJO DE VIRGO

La constelación de Virgo es, en nuestros cielos nocturnos, la segunda en tamaño. Allí se puede ver a Spica, una estrella sumamente brillante que emite una luz bellísima, entre azul y blanca. Spica se encuentra a 220 años luz de nosotros, lo cual significa que la luz que estamos viendo ahora, fue emitida por esa estrella cuando guillotinaban a los franceses durante la revolución de 1789. Un verdadero milagro o una máquina de tiempo. Así pasa cuando miramos las estrellas. Su luz a menudo tarda cincuenta, cien o doscientos cincuenta años en llegarnos e incluso más. Hay algunas estrellas que están tan lejos que vemos su luz, pero ellas ya no existen. Mientras más estudiamos ese espacio (el de Virgo) en el cielo, mayor cantidad de cosas se ven y los modernos telescopios diariamente nos ofrecen nuevas maravillas: colores donde pensábamos que únicamente existía el blanco y el negro, nacimientos de estrellas y una infinidad de otras cosas. Si pudiera Virgo ponerse del otro lado del telescopio, mirando hacia adentro de sí por ejemplo, sería feliz. No como en las películas de ciencia-ficción donde se puede viajar a través de las arterias o venas, sino que, desde su cerebro, Virgo tuviese la oportunidad de apreciar su alma. No necesitaría ninguna otra cosa y sería perfecto. ¡Quizá ultraperfecto!

Imagínense, existen miles de galaxias, cada una con cientos de estrellas, números tan impresionantes como posibilidades de vivencias para cada persona que habita la faz de la Tierra (incluyendo todas las épocas además de los dioses de la mitología griega). A Virgo le queda bien saber de números, exactitudes y posiciones científicas bajo toda circunstancia. Hay un gran número de astrónomos que consideran que nuestra galaxia, la Vía Láctea, se encuentra a su vez dentro de una multitud de estrellas centradas en una súper-multitud dentro de la constelación de Virgo. Si esto resultara cierto sería excelente para todos, porque algo de su sabiduría y gusto por la precisión se nos "pegaría".

El signo de Virgo rige a todos los animales que pueden ser considerados como "mascotas". Yo conozco a un dueño de tarántulas que asegura que cada una tiene su propio carácter y hay quienes adoran a su puerquito y lo mantienen dentro de la casa, así que no se limiten. Si tienes un amigo, familiar o amas algún Virgo, regálale una mascota si es que no tiene una. Es importante para su bienestar compartir con un ser de otra especie; el tiempo que le es posible dedicar a un ser vivo y delimitar espacios les hace muchísimo bien. Para Virgo no hacerlo, no tener una responsabilidad con algo que respira agua o aire, es coartarle una emoción. Lo que menos necesita.

Todos tenemos a Virgo en alguna parte de nuestra propia carta astral, es decir, todos tenemos un lugar en nuestra vida relacionado con este signo.

♈ ♉ ♊ ♋ ♌ ♍

La decisión de poner a buen uso la "idea que Aries bajó del cielo", la tomó Tauro y la expuso a su manera. Todos entendieron y se sintieron mejor. Y pudo así explicarle a los demás signos cómo disfrutar con un propósito que se convirtió en un poco más de amor.

Géminis fue quien les mostró a los demás, de qué manera comprobar que la curiosidad impera, y gracias a sus finos consejos, todos supieron cómo investigar para hacer un poco más felices a sus seres amados.

Pero Cáncer se transforma para poder desarrollarse. Puede cambiar de peinado y parecer una reina, o usar un bastón y verse como el Rey Sol o el rey del mundo. Cáncer puede convertirse en lo que quiera para complacer a su pareja, lo importante es que realmente quiera.

La fuerza de Cáncer reside en que todos hablen con su propia alma.

Leo embellece todo y debemos dejarnos llevar por sus consejos, para obtener un poco más de amor en todo su esplendor. ¿Y Virgo? Virgo, con soberbia, permite hacer la pregunta adecuada para que Aries, Tauro, Géminis, Cáncer, Leo, Libra, Escorpión,. Sagitario, Capricornio, Acuario y Piscis se cuestionen y lleguen a la conclusión de que todos deben querer un poco más al que tienen enfrente. Gracias Virgo.

Libra

Perséfone

Miren la bóveda celeste. Alguna noche ocúpense de eso desde donde quieran y puedan. De preferencia en el campo, lejos de las luces que parecen apagar las estrellas en las ciudades grandes. Esas mismas estrellas quizá nos están mirando con mucha más intensidad y tiempo que lo que nosotros les dedicamos. Muchas veces he pensado en la similitud que tiene esa maravillosa bóveda celeste con el cerebro en su propia bóveda craneana.

Dicen las comadronas astrológicas que Libra busca balancear su mundo, equilibrarlo y compartirlo con alguien. ¿No creen que una noche estrellada es igual? Nos hace sentir la pequeñez humana que permea la grandeza del cielo hasta nuestra propia mirada: y luego nos sentimos formidablemente grandiosos al ver todo ese espacio que de alguna manera nos pertenece. Un espacio que comienza desde donde los pies tocan el piso, hasta el cerebro que da órdenes a nuestro cuerpo para que veamos toda esa inmensidad. Aunque comprendamos poco de ella.

Así viaja Libra por el mundo. Ve los dos lados de toda medalla, idea, posibilidad y persona.

Seguramente tiene que ver con el ritmo interno de Libra y con su símbolo que es una báscula, el hecho que del 24 de septiembre al 23 de octubre, mientras Libra domina el cielo astral, la noche y el día tienen casi la misma duración y tanto la luz como la oscuridad se emparejan en sus tiempos asignados.

Las primeras noticias escritas sobre Libra que datan de hace más de cuatro mil años, describen su objetivo en el mundo como la misma báscula que pesa las almas humanas. Los Egipcios le llamaban Osiris, y la metáfora del símbolo —una línea recta con otra línea sobrepuesta con medio círculo al cruce de ambas— representaba el horizonte con el Sol cayendo al atardecer. Pitágoras relacionaba a Libra con el número cinco y, poco después, el apodo de Libra fue "privación de contiendas". Libra podría dedicarse a eliminarlas.

Libra es quien comienza el séptimo signo del zodiaco y su lugar se encuentra como el primero sobre el horizonte. Esto le proporciona en lenguaje astrológico poderes que tienen que ver con la evolución del individuo acompaña-

do. Es decir, los nacidos dentro de este signo vibran objetivamente cuando están al lado de otro individuo.

Venus, planeta que rige y dirige a este signo, seguramente es el culpable de este fenómeno. Venus, reconocida desde hace muchísimos milenios, es a quien le regalaron el don de poder decidir desde antes quién es el fiel de la balanza. Venus puso de un lado de la báscula al hombre y del otro a la mujer y hasta la fecha pide que nosotros resolvamos lo que ni los dioses han podido resolver.

Posiblemente Libra siempre esté en el lugar adecuado para que nosotros acordemos cierta gracia con nuestra propia carta del cielo. Libra y Venus nos permiten amar un poco más desde sus propias posiciones. Y así, Libra nos permite tener vela en asuntos de amor mientras Venus parece pedirnos que descifremos la idea de la pareja y lo que esto significa.

Mahatma Gandhi (signo Libra) señalaba que había siete pecados en el mundo: riqueza sin trabajo, placer sin conciencia, conocimiento sin carácter, comercio sin moralidad, ciencia sin humanidad, reverencia sin sacrificio y política sin principios. Yo creo que los nacidos bajo este signo deberían compartir este pensamiento con quienes escojan querer. Así repartirían lo que de verdad debe contener la frase "un poco más de amor" y comprobarían de esta manera que el gran Alan Leo, astrólogo emérito del siglo XIX, tenía razón cuando dijo: "La característica de Libra lo distingue de los demás signos por su conyugalidad o su unificabilidad, y con esto quiero decir que Libra se manifiesta con un deseo innato de complacer o teniendo gran devoción por algo o por alguien"

"Vivir para amar" podría ser el lema de muchos habitantes de este signo o, por lo menos, vivir pensando en lo que el amor aporta. La conocida y repetida frase "más vale solo que mal acompañado" le va mal a Libra quien siempre estará en su mejor forma cuando se encuentra acompañado. La superficialidad de la palabra, la seducción, la tentación, las atracciones de todo tipo, el otro (mas no los otros), el perdón, los eslabones y la amabilidad son sus mejores atributos. Los actos y las acciones de Libra cansan (aunque nos fascinan). Pero, por ser Libra, casi siempre le perdonamos sus importunidades. Y Libra, a su vez, en lugar de aburrirse se disgusta. Lo único realmente desagradable es que pueden bostezarnos en la cara... una vez que los aburrimos no hay vuelta atrás. Nos dejan. Nos dejan con una palabra exótica, inteligente, amable o para recordar, pero se salen de nuestras vidas repentinamente y no hay nada que hacer. Claro, no siempre. Sólo siempre que los aburramos.

Libra, de elemento aire, toma vuelo con una facilidad apabullante.

En mi mano tengo un libro. Su dedicatoria dice: "Para Wilda, con todo el amor de mi corazón". El título del libro: *La historia perversa del corazón humano*. Sólo a una persona de signo Libra se le podría ocurrir tan maravilloso acertijo.

Libra se rige por Venus que es voluble por designación: rige a dos signos, Tauro y Libra, de manera distinta quizá porque Venus en sí es un planeta dedicado a las enmiendas. Ella, en los anales astrológicos y en las historias del cielo busca placeres y encuentra donde acomodarlos. Es tan versátil que puede dirigir o regir estos dos signos a la vez sin que existan broncas o envidias entre Tauro y Libra. Es más. Ambos signos pueden llevarse bien. Con Libra ayuda a buscar cómo encontrar placer. Con Tauro, mejora las posibilidades de que Tauro dé lo que puede dar. En el amor entre estas dos cosas hay gran diferencia. Para Libra, esto se convierte en la posibilidad de permitirle decir que "sí" aunque esté a punto de pronunciar el "no". O viceversa. En ambas ocasiones, Libra está siendo totalmente honesto/honesta. Su ambigüedad es su virtud porque, por lo general, esa misma ambigüedad aparece para el bien ajeno. Y eso hay que tenerlo muy en cuenta cuando alguien se enamora de este inconmensurable ser.

- Con Libra siempre corres riesgos, pero al mismo tiempo sacas ánimo.
- Con Libra tienes que tragarte alguna píldora, pero a la vez recibirás mucha satisfacción.
- Con Libra tendrás que hacerte cargo de tus propios sentimientos y admitir que Libra tiene los suyos totalmente propios.
- Con Libra tendrás que tomarte vacaciones (a solas) de vez en cuando, para que cada quien (cuando uno de los dos es de este signo) vuelva a tener confianza en sí mismo o en el otro.
- Con Libra podrás compartir de manera única, gozar plenamente y ser muy feliz si TE dejas. Con Libra, Libra manda.

Venus carga en sí y en sus propios mitos lo que se podría llamar "la función de las relaciones". En los anales históricos Venus depositaba belleza, acciones agradables, gran amor hacia las artes y equidad de temperamento. De malas, Venus repartía decadencia, disimulo, intransigencia y falta de ego. Además, en lo que puede llamarse astrología jungiana, Venus representa el "ánima" femenina. O sea, el lado femenino de hombres y de mujeres, de la misma manera que Marte puede conferir dones masculinos tanto a las mujeres como a los hombres. No es simple casualidad que el símbolo femenino mundial sea el de Venus ♂ y el símbolo masculino esté representado por el dibujo de Marte, con su redondez cargando una flecha, dardo o espermatozoide enviado al infinito ♂...?

En la influencia de Venus en una carta astral o en un horóscopo es donde el astrólogo puede vislumbrar la relación que cada quien tiene con sus propios sentimientos hacia el amor y hacia cualquier cosa que pueda relacionarse con el afecto. Los sentimientos de Libra hacia un amigo, familiar, amor pasajero (si eres Libra habrá seguramente más de uno/una), amor eterno hacia el amor de su vida, siempre tienen cara y cruz. Sus ritmos internos son así y para Aries, Tauro, Géminis, Cáncer, Leo, Virgo, Escorpión, Sagitario, Capricornio, Acuario y Piscis puede ser de suma importancia mantener un gran cariño "en línea abierta" con alguien de este signo para estar al corriente de sus propias emociones. Las personas de Libra siempre harán vibrar las cuerdas sentimentales de los demás signos, dándoles la oportunidad de reacomodar sus propios amores.

Curiosamente el sustantivo amor tiene género masculino. Seguramente Venus tuvo cartas en el asunto, pero eso es tema para otro libro diferente a este.

MITOS

A lo largo de la historia conocida del mundo entero, cada cultura, a su manera, celebra grandes fiestas al salir del verano y entrar al otoño. Inclusive, existe la costumbre de cambiar de año durante esta época en el oriente cercano. Estas fiestas suceden al entrar el Sol en el signo de Libra.

La dualidad de Libra es fácilmente separable de otro tipo de dualidad, como la de Géminis por ejemplo. Géminis quizás escoja ser "semidiós" para jugar con la realidad y la mentira según su conveniencia. En cambio Libra tiene una dualidad un poco más complicada. No la escoge. Es así y no lo puede evitar, por eso Perséfone, hija de Zeus y Deméter, es la primera diosa que aparece en la lista de los Libra que quieran interiorizarse en sus propios mitos universales.

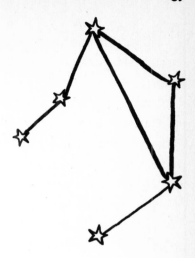

Perséfone estaba juntando flores cuando Hades se prendó de ella y se la llevó a la sombría morada del inframundo. Su madre, diosa de la agricultura, al enterarse, se olvidó durante un buen tiempo de sus quehaceres por la impresión que le dejó la desaparición de su hija y causó una gran hambruna entre los suyos. Zeus, después de consultar con el Olimpo, tuvo que intervenir aunque una condición les fue impuesta.

Tenían que demostrar que Perséfone no hubiese comido nada mientras estuvo en aquellos infiernos. (Los dioses de aquel entonces eran tan intempestivos en sus demandas como el destino de toda persona hoy en día.) Por supuesto que había un delator: y fue con el chisme de haberla visto comer siete granos de granada en los Campos Elíseos. (¿Para los chiles en nogada? Lo dudo.)

Zeus, entonces, para cumplir con la promesa que le había hecho a las diosas del destino, además de dificultarle la vida a su hija, determinó que ella tendría que habitar seis meses como reina del mundo de las sombras y seis meses al lado de su madre. En algunas historias son ocho meses bajo tierra y cuatro a la luz del día. Y, por cierto, para que vean hasta que grado llega la influencia y la modernidad de estas antiquísimas historias, los caballos negros sobre los que andaba Plutón (o Hades, son la misma persona) se parecen mucho a los caballos sin cara de la primera parte de la película *El señor de los anillos*.

Medita un poco Libra sobre cómo te afecta esta alegoría y no dudes en relacionar la tristeza con la desaparición de algo tuyo, muy tuyo, de manera que con la aparición de lo que te falta y restableciéndolo dentro de un nuevo orden, se beneficie tu vida y, sobre todo, tus amores.

¿Libra, será que tu carisma en todo lo que a relaciones se refiere tiene que ver con ser escogido por los dioses por llevar algo de Eros en el alma? Según Hesiodo, Eros es, junto con Caos, Tártaro y Tierra, uno de los cuatro seres con quienes se inició la creación.

El último personaje mitológico a tratar en este capítulo —aunque existan todavía muchos más que ustedes pueden investigar personalmente— es Paris, el apuesto y valiente enamorado de Helena de Troya. Esta historia de amor es una de las más famosas, tema para los grandes poetas de antaño, Homero y Virgilio. Paris se enamoró de Helena, mujer casada y la convenció de irse con él. El famoso Caballo de Troya lleno de soldados fue construido en la imaginación de cada uno de nosotros desde esa historia y Paris, herido, muere muchos años después y la única ninfa que pudo haberlo salvado resultó ser una antigua enamorada (Enone se llamaba) que rehusó curarlo al recordar todo lo que había sufrido a causa de él. Enone se arrepiente a tal grado que se cuelga de la rama de un árbol cuando Paris muere.

En su interesantísimo libro *Los dioses y los planetas*, dice Ellynor Barz que "La imagen de la báscula desde tiempos inmemoriales, muestra el zodiaco en el punto de transición desde la fase de luz hacia la fase obscura que a su vez tiene referencias de básculas del destino. Las cosas se pesan para ver qué perdurará o qué cosa o cuál relación podrá mantenerse en estado permanente".

En la mitología, dentro de la cual encontramos tantísima agudeza y perspicacia sobre nosotros mismos, Zeus tuvo a bien pesar la suerte de la muerte. Hermes pesó almas y Libra puede a su vez pesar su propio "modus vivendi" para obtener más o menos de esa tranquilidad que tanto necesita para sentirse completo. Esto, para Libra, sólo sucederá cuando está acompañado.

EL ESPEJO DE LIBRA

Al contrario de Aries, su signo opuesto (y esto no quiere decir que Aries y Libra no puedan llevarse, pueden complementarse, amarse o simplemente compartir buenos ratos en conjunto), Libra puede charlar, hablar por los codos, conversar de cualquier cosa con quien sea y pasarla muy bien aunque unos días después no recuerde de qué estaba hablando. Libra, no te dejes apabullar por los demás cuando esto te suceda, porque, para ti, lo importante es la comunicación, no el qué, cuándo, dónde y cómo suceda. La importancia que esto tiene para ti vendrá después, cuando ya hayas descifrado con quién QUIERES continuar charlando, trabajando o amando. El tuyo es el primer signo que se encuentra en el dibujo del zodiaco sobre el horizonte, donde le siguen el número 8 (Escorpión); el número 9 (Sagitario); el número 10 (Capricornio) el número 11 (Acuario) y el 12 (Piscis). Cada uno, del siete al doce, se encuentra sobre la línea del horizonte y esto tiene un importante significado. Si bien Aries no tiene tanta necesidad de conversar y no gusta de malgastar su tiempo en banalidades, Libra puede ser muy feliz "en el cotorreo". Y, por medio de banalidades, Libra puede llegar a entender el meollo del asunto o la finalidad de su existir si realmente lo cree importante o necesario.

Libra no necesita profundizar para darse cuenta de lo que vale, eso es lo que su signo le concede y más nos vale a todos los habitantes de los demás signos dejar a Libra ser cómo es, sin envidiarlo.

Libra divide el año en "antes y después". Pero esto es un invento del hombre, todo es antes y todo es después, y Libra está presente para que nos demos cuenta de ello. Habrá que entender que la báscula no divide. Mide y pone las cosas en el lugar que más conviene o le da sentido a las ideas, a las relaciones y también al amor. Existe una frase sobre este signo que dice: *Con Libra tendrás que hacerte cargo de tus propios sentimientos y admitir que Libra tiene los suyos totalmente propios.* Con mayor razón si son pareja, porque cada Libra lleva su propia historia sobre la alternancia que necesita para existir. Esto es tan cierto que abarca un gran porcentaje en importancia dentro del área que tiene que ver con relaciones y Libra. Lo que Libra necesita para entablar cualquier tipo de relación duradera es encontrar cómo compartir equitativamente una interrelación con "el otro" sin herir.

Libra, el signo y sus habitantes, tiene una firme base en la representación sensual de todas sus relaciones. ¿Amistad? Le gustan tus palabras. ¿Familiar? Le complacen tus modales. ¿Amor? Se enardece con tu modo de caminar (entre otras cosas). Y al mismo tiempo necesita revelarse cómo actúa sobre él o ella el poder de saberse involucrado (involucrada). Libra es signo de aire, recuerden, y esto les obliga a darse cuenta y reaccionar de acuerdo a lo que han descubierto. Libra no se ve en el espejo con la misma honestidad que tiene cuando voltea el espejo y ve en él lo que tú, habitante de cualquier otro signo ve.

Después, puede amarte hasta la locura.

Los antiguos habitantes de Mesopotamia representaban a Libra de diferentes maneras según la necesidad. A veces aparecía como mujer, pero otras veces tenía una figura absolutamente masculina.

¿Dualidad sexual? De ninguna manera. Aunque Libra puede atreverse a hacer cosas en el lecho dignas de Casanova, de Boccaccio y de Sade (por separado o en conjunto) según el paso de sus propios astros y los momentos adecuados. ¿Y esto qué quiere decir? Quiere decir que Libra es el único de los signos cuya sique no es conformista. O para dorarles la píldora, cuya alma es menos conformista que la de los otros once signos astrológicos. En otras palabras, no tiene límites. A diferencia de Acuario cuyos límites viajan hacia un misterioso "fuera de sí mismo", Libra no se restringe en los hechos de su vida personal. A veces tantea porque las cosas se le complican demasiado o le parece que el esfuerzo en realizarlas es excesivo. Existen desde luego algunos Libra-seres que pregonan necesitar simplemente paz y tranquilidad pero eso, por lo general, es momentáneo. En las básculas, siempre se necesita un contrapeso, de lo contrario no sirve para nada querer medir o pesar algo.

Libra es la persona que siempre sabrá trabajar en mejoría cuando está acompañada. Puede estar con esa "otra persona" de manera inhabitual pero debe saber que necesita otro bulto, cuerpo humano, persona, ente, que haga rebotar sus acciones. De lo contrario su fuerza creativa se desvanece. Su amor se pierde en otros enseres, pues como Libra quisiera poderle mostrar al mundo que "lo suyo" es perfecto, no siempre se da cuenta de que la perfección no existe. Libra, sin poder rebotar sus afectos sobre otras gentes se pierde y busca una novedad.

Libra siempre necesitará ese poco más de amor para traer consigo, aún más para repartir, prestar o entregar. Y Libra debe tener la experiencia suficiente para saber cuando hacerlo. Lo que es importante que sepa es que no siempre tendrá que escoger una cosa u otra, pues Libra puede con todo.

♈ ♉ ♊ ♋ ♌ ♍ ♎

La decisión de poner a buen uso la idea que "Aries bajó del cielo", la tomó Tauro y la expuso a su propia manera. Todos entendieron y se sintieron mejor. Pudo Tauro así explicarle a los demás signos cómo disfrutar con un propósito que se convirtió en un poco más de amor.

Géminis fue quien les mostró a todos, de qué manera comprobar que la curiosidad impera y, gracias a sus finos consejos, todos supieron cómo investigar para hacer un poco más felices a sus seres amados.

Después Cáncer se transformó para poderse desarrollar mejor. Cáncer es quien se cambia de peinado y parece una reina (o lo que quiera); usa un batón y se verá como el Rey Sol o el rey del mundo, parafraseando su transformación. Cáncer puede convertirse en lo que quiera para complacer a su pareja, lo importante es que realmente quiera. La fuerza de Cáncer reside en convencernos que hablemos con nuestra propia alma.

Leo embellece todo y debemos dejarnos llevar por sus consejos para lograr tener un poco más de amor en todo su esplendor. ¿Y Virgo? Virgo, con soberbia, permite hacer la pregunta adecuada para que se cuestionen solos y lleguen a la conclusión de que deben todos querer un poco más al que tienen enfrente. Gracias Virgo.

Ahora le toca participar a Libra y, simplemente, tiene que hacerle ver a Aries, Tauro, Géminis, Cáncer, Leo, Virgo, Escorpión, Sagitario, Capricornio, Acuario y Piscis que lo que no se refleja, es lo *más* de uno mismo. Para *verse*, tiene que haber dos.

Es decir, tener un poco más de amor, implica verse mejor.

Escorpión

Asclepio

♏

octubre 23 - noviembre 21

Escorpión, cuando realmente seamos mayores de edad, con el toque de sabiduría que eso amerita, los demás signos (Aries, Tauro, Géminis, Cáncer, Leo, Virgo, Libra, Sagitario, Capricornio, Acuario y Piscis) deberíamos ser como tú. Nadie mejor que tú sabe que el conocimiento no es una colección de ideas o proposiciones que se pasan de maestro a alumno, sino que para saber, para amar, o para saber amar hay que ser y comunicar esa manera de ser por medio del diálogo. Pero no el bla-bla-bla cotidiano. Tú sabes que para amar, lo mejor es demostrarlo. Las palabras muchas veces salen sobrando. Y por eso hay tanta gente que te tiene miedo. Simplemente cuando sueltas el aire para contestar "soy Escorpión", hay muchos que a su vez se echan para atrás, sin darse cuenta que están huyendo de sí. Porque todos te traemos asentado en algún lugar muy especial dentro de nuestra propia carta astral y, en el lugar donde te llevamos, no nos podemos decir mentiras. Eso asusta.

Escorpión es intenso, confronta y se confronta. Escorpión es quien, en el lenguaje astrológico, lleva consigo el proceso del sicoanálisis sin siquiera saberlo. Transforma y ayuda a los demás a transformarse diariamente, y aunque Escorpión pueda parecernos que no cambia, que siempre será igual que ayer, nunca lo es. Por eso puede de vez en cuando exigir demasiado.

Exige que le den lo que Escorpión sabe merecer, debe hacer, puede prometer. Y cree, Escorpión, que los demás saben lo que ni él ni ella pueden explicar.

Por ser el más secreto de los doce signos, no debe extrañarnos que el planeta que lo rige, Plutón, fuera el último en ser descubierto. (El astrónomo Percival Lowell fue quien supo de su existencia en el cielo por los efectos que este planeta tenía sobre los demás; no fue sino hasta después de su muerte que, otro astrónomo, Clyde Tombaugh, lo encontró, el 18 de febrero de 1930, fecha en que misteriosamente la Luna se encontraba en el signo de Escorpión.)

Escorpión debe decirse una vez al día: "todo cambia porque todo sigue igual".

Varios miles de años antes de Cristo, ya se veían dibujos de este signo y desde entonces los hombres miraban el cielo nocturno para localizar Antares, la estrella más brillante en su constelación. Ésta se encuentra en la cola de la famosa constelación. Por cierto, vale la pena mencionar —para aquellos Escorpiones que quieran salir a ver las estrellas con su ser amado— que, en el cielo, a la constelación se le llama Scorpius y al signo le decimos Escorpión.

A Escorpión le va bien el color rojo. Le hace bien profundizar hasta cansarse, entender que puede curar, curarse o indicar de qué manera debe sanarse el mundo, sin embargo puede intoxicarse con el don de mando. Escorpión también gusta de decirse: "¿dónde mando?" y esto puede convertir sus esperanzas en deseos desordenados. Escorpión puede llegar a los extremos. Odia y ama. Construye y destruye. Crea y desvanece. Lo amamos y nos enloquece.

Sus puntos débiles son la *genitalia*, los ductos reproductivos y la sangre, como el color rojo sangre que le favorece. No creo que sea una banal casualidad el hecho de que si tuviéramos la oportunidad de extender todos los vasos sanguíneos de una sola persona, tendrían el largo suficiente para darle la vuelta al mundo dos veces. Es importante saber que existen más de novecientos noventa y nueve mil setecientos ochenta kilómetros de venas, arterias y tubos capilares dentro de cada uno de nosotros. Todos llevando ese líquido rojo que nos da vida. ¿Extraño dato para aparecer en un libro de amor? Pero si la sangre, el color rojo, el corazón, la fuerza vital, nuestra esencia, las corazonadas, las relaciones sanguíneas, los hermanos de sangre, la sangre revuelta, la excitación y el bombeo de la sangre (con o sin *Viagra*), todo esto tiene que ver con el amor de una manera o de otra. Esto Escorpión lo sabe sin que se lo tengan que explicar y con esta sapiencia infinita se siente orillado o busca con frecuencia llegar al meollo de todo asunto. No le gustan las medias tintas. Y en lo que al amor se refiere, aún menos. Para conquistar o amar a un Escorpión, hay que romper tabúes. Hay que darse todo y si él o ella no responde, que así sea. Habrá que atreverse y si esto no da resultado habrá que tener la suficiente fuerza de voluntad para decirle adiós porque un Escorpión no puede convencerse de "hacerle la lucha para ver qué sucede". Su propia "escorpioterapia" no se lo permitirá. Eso sí, puede involucrarse de tal manera con otra persona, que no ve ni la luz al final del túnel, y mucho menos la realidad. Y al mismo tiempo es un excelente analista de caracteres ajenos. Nun-

ca hay que olvidar que en tiempos pasados su símbolo era un águila, y el desarrollo de águila a escorpión es meramente casual. Dicen algunos libros antiguos que Escorpión es el alquimista para el despertar de la verdadera conciencia del hombre; que tanto el vicio como la virtud son sus mejores aliados y que pueden ser en una misma persona santos y pecadores. ¡Yo pienso que ha de ser una delicia ser Escorpión! Y que ser pareja de Escorpión podría ser lo mejor que jamás le ha pasado a algunos.

Si alguien nace entre el 24 de octubre y el 22 de noviembre es de signo Escorpión. Eso es lo que quieren decir los astrólogos o los contempladores del cielo cuando dicen que alguien tiene su Sol en Escorpión. Es de elemento agua y se dice que "el tipo de alma que le pertenece al Escorpión junta sus experiencias de tal manera que llegan a ser de personalidad muy marcada, fija, acentuada y categórica". Es decir, discute con ellos calmadamente; raramente cambian de idea. Y estos rasgos aparecen tanto cuando se encuentran frente a algo que se come, como frente a una decisión banal o importante, o incluso cuando se trata de un amor, grande o chico, devastador o terapéutico. Lo que sí es muy cierto, es que Escorpión se intoxica con el amor, con el poder del amor y con sus deseos. Y Escorpión, cuando hace el amor, deja algo de su alma allí para siempre. A quién le toque lo mejor de Escorpión, excelente. Pero para aquellos que se topan con su lado negativo, mejor huir. Lo mediocre y lo superficial realmente no les interesa, y cuando están en su mejor momento o rodeados con las personas adecuadas (ya sea para ellos mismos o para su propio beneficio), favorecen a quien aman, curan, ayudan y pueden hacer totalmente dependiente a quien quieran. Pueden también, a veces, llegar a ser totalmente o demasiado dependientes. Esto no le gusta nada a Escorpión y hará todo lo posible por ocultarlo y, entonces, "corre la cortina", enmascara, echa un capote con destreza inusitada. Rompe tabúes y sus compromisos son íntegros. Pero hasta allí. De nuevo, cuidado, puede comprometerse guardada o apartadamente consigo mismo y usar todos sus dones profundos y analíticos para salirse con "la suya". Yo conozco algunos Escorpiones a quienes les han dicho que son despiadados o crueles; y de la misma manera que pueden ser despilfarrados con ellos mismos, saben ser misericordiosos y su-

mamente bondadosos. ¿Quieren saber verdaderamente cómo es un Escorpión? Lean a Fyodor Dostoievsky y hagan un resumen de todos sus personajes en una misma persona. Imposible. Imposible saber cómo funciona la cabeza del Escorpión si él o ella no te lo explica, y aun así tendrás dudas.

"Yo sólo sé que no sé nada".

Lo dijo Sócrates y lo repetimos miles de años después. Se lo agradecemos y nos hace pensar. Y así tiene que ser la relación que tengamos con este deliciosamente intrigante signo. Yo sólo sé, que en mi próxima vida, pediré ser Escorpión para amar, sentir y vivir a su manera.

Dicen que "los amigos son ángeles invisibles que nos levantan cuando nuestras alas no recuerdan cómo volar." Yo digo que así es Escorpión.

Escorpión. La intriga entrelazada de cierta manera con la ingenuidad (siempre y cuando ambas cosas contengan una buena dosis de inteligencia) pueden ser tus mejores aliados, aunque sin lugar a dudas, habrá ocasiones en que la confabulación puede también desestabilizarte. ¡De tanto maquinar, imaginar, arreglar o crear te enredas! ¿Qué no sabes que tienes un potencial mágico y magnético? Eso te permite abordar temas inusitados y, a veces, pasmar a los demás con tu gran voluntad que es el elemento clave de tu vida... cuando estás en calma. Si alguien no te atrae física o mentalmente, no hay manera de que claudiques y le hagas el famoso "caso" de "es que no me hace caso".

Escorpión quizá no sepa la cantidad exacta de músculos que hay en una cara (son 43), pero sí sabe, instintivamente, cómo mostrar las tres mil diferentes expresiones catalogadas como válidas para transmitir algún sentimiento, a su conveniencia.

Alborotado, estrepitoso y tumultuoso, así también son tus amores, y cuando te empantanas (suele suceder) te cuesta trabajo salir adelante por no entender cómo llegaste "tan bajo", a "tanta locura". Puedes llegar a creer que te atascaste y no entender cómo sucedió. No olvides que ahí estará siempre tu intuición o la intuición de la persona Escorpión que, con suerte, tienes a lado (curiosamente, Escorpión con Escorpión embonan muy bien) y si sabes escuchar, saldrás siempre adelante. Para Escorpión, escuchar consejo es excelente, aunque los nacidos bajo este signo parecen no aceptarlo. Deberás tomar en cuenta que eres el segundo de los tres signos acuáticos. De agua son también Cáncer y Piscis. El agua toma la forma de la vasija que la contiene, y de cierta manera eso debe convenirte. Para enamorarte o, más bien,

cada vez que te enamores, cambiar un poco te conviene y es recomendable. Vamos, no tienes que volverte un cantante de ópera si eres sastre, ni sacarte la lotería si ganas tres veces el sueldo mínimo; pero podrías aliviarte de las pequeñas cosas en las que tienes propensión a trabarte o a ser intransigente. Mejorar tus relaciones. Componerte el día para que uses esas expresiones faciales más seguido y sonrías. A veces ser y hacerte a manera y forma de tu pareja para sostenerla mejor.

En otras palabras: es cierto que Escorpión transforma a quienes realmente lo aman, pero qué bien si esto no fuera simplemente por que ellos no tienen remedio. Qué mejor que transformen sus propios días en algo innovador, que viren lo negativo en algo positivo y sobre todo, para dos. Escorpión puede ser "casi perfecto" como pareja, de modo que si sucede otra cosa, es un gran desperdicio.

MITOS

Hoy día es aceptado decir que el mito es el cuento de los sucesos que tuvieron lugar *in principio*, es decir, en el comienzo, en un instante primordial y no-temporal, un momento del *tiempo sagrado*. Los mitos tienen su tiempo, su lugar y su ritual para ser contados. En otras palabras, el mito es algo que debe pasar en un instante que no tiene una duración determinada, así es como ciertos místicos y filósofos conciben la eternidad.

Mircea Eliade

Para Escorpión, el viaje interno, el viaje del mundo mágico de los mitos, debería estar siempre presente. Desde la lejana antigüedad, Escorpión se hacía uno con un misterioso signo llamado Ophiuchus, héroe y dios de toda curación. Este signo se funde con Escorpión, y ahora el paso del Sol por ese lugar del zodiaco tarda aproximadamente un día, lo que tardan las estrellas en pasar por el pie de este casi invisible ser plasmado en la memoria colectiva de leyendas estelares. Escorpión perdura.

En los mitos Griegos, Aesclepio, u Ophiuchus, era tan hábil en hacer curaciones que cuando quería, resucitaba a los muertos. Existe la divertida historia mitológica sobre este personaje en relación con Hades, el dios del bajo mundo. Aesclepio resucitó a tanta gente que Hades comenzó a preocuparse pensando que ya no tendría almas para los infiernos y se las arregló para poder mandar matar a Aesclepio con un rayo. Sin embargo, Zeus intervino con su justicia divina, dando como razón todo lo extraordinario y bueno que Aesclepio había logrado hacer. Así, Zeus evitó una muerte más, convirtiendo a nuestro héroe en la constelación de Ophiuchus cuyo pie aparece siempre al lado del enorme escorpión de nuestro cielo estrellado.

La historia de Gilgamesh es también un divertido deber para todo Escorpión, pero esto lo describo con detalle en el primer libro de esta serie (*Un poco más de dinero*) cuya lectura recomiendo.

Los dones de Escorpión forman parte de Aesclepio/Ophiuchus y viceversa, sus historias se fusionan. Escorpión es uno de los signos que no logra desarrollar todo su potencial si no tiene su alma gemela, su media naranja, su peor es nada, el amor de su vida, su compañera, su hermano del alma, su preferido, la persona o las personas que permiten que se conozca y que pueda decir, como Sócrates: "Quiero saber más, porque no sé lo suficiente". Comprender lo que la palabra abundancia significa para uno y otro (Escorpión y otro signo), será lo que les permita poder lidiar con lo que la fortuna celestial presenta. Así, Escorpión le hará ver a quien lo esté acompañando, que "un buen final" realmente quiere decir transformar los polos opuestos en algo con resultados positivos. Nadie mejor que Escorpión para desenmarañar cosas. Cuando quiere.

Eso sólo lo hace Escorpión cuando ama. Su amor es muy feroz cuando se dirige tanto a una idea como a una persona, a un lugar o a una cosa.

Una persona nacida bajo el signo de Escorpión se nutre al pasar por la esperanza y la desesperación una vez al día, en pequeñas dosis para llevarla mejor. Con eso, lleva la fiesta en paz. Es verdad que reduce todo lo negativo que pudieron haberle dejado sus antepasados mitológicos al hacer tanto esfuerzo en componer el mundo y permitirse gozar.

Los dioses que acompañan este signo pueden extinguir para hacer reaparecer. Se llevan bien con la magia y el chamanismo. El gran astrólogo hindú Sphujidhvaja (año 270) decía que "si el signo del Escorpión tiene prominencia en una carta del cielo, esa persona podrá dividir a sus enemigos y apartar la maldad de su vida. Siempre y cuando verdaderamente lo quiera hacer".

Escorpión es al que más me interesa convencer de la gran importancia que tienen los mitos en la vida del signo astrológico de cada persona, porque Escorpión, una vez convencido, sabrá cómo ganarse y fascinar a los demás habitantes de nuestro zodiaco para que aprendan con el propio.

¿Cómo integrar los mitos en mi persona, para mejorar el amor en mi vida? No se trata de memorizar las historias, se trata simplemente de leer y releer los cuentos y de imaginarse como el héroe de cada uno de ellos. De pensar la manera en que tú resolverías los problemas que les aquejaban o de ponerte en sus zapatos, usar sus alas, o imaginarte poseedor de sus pócimas mágicas que hacían posible la resolución de las dificultades. De soñar. Ellos, los dioses de la antigüedad están vivos en cada uno de nosotros, como legado del cosmos, de los cielos estrellados y de experiencias vividas desde que el primer humano le tomó la mano a otro y decidió ser pareja.

Los mitos son un reflejo de las posibilidades y las ambiciones que llevamos en el alma, y los resultados, las consecuencias y sus efectos son algo que podemos descifrar de manera totalmente personal. Sobre todo, con alguien a lado nuestro.

De nuevo, con un poco más de amor, todo se supera.

El espejo de Escorpión

"Los celos con el amor van, dice el refrán."

Esto le contesta la amante del marido de Juana la Loca a la enamoradísima reina, de su muy infiel consorte.

Escorpión puede ser terriblemente celoso y, para Escorpión, como quizá para el resto de los signos, los celos coartan su libertad. Ese sentimiento es terrible y no tienes que leer *Otelo* de William Shakespeare para darte cuenta de ello. Dependiendo de la escuela sicoanalítica a la cual te sometas, se definirá la causa, pero Escorpión nace con una buena dosis de este sentimiento, es parte de la memoria de su misma especie. Y para Escorpión, traída directamente desde la Grecia en voz del sabio Epicteto de Frigia, recordamos la frase: "La felicidad no consiste en adquirir y gozar, sino en no desear nada, pues consiste en ser libre". Tú, Escorpión, cuando verdaderamente amas, eres libre. Y cuando te liberas de tus achaques emocionales, los celos se convierten en algo positivo, por la simple razón de que eres el gran transformador.

Para ti, Escorpión, es importantísimo que sepas que las palabras cuidado, ardor, entusiasmo, diligencia, asiduidad, constancia, perseverancia, atención, abnegación, dedicación, esmero, laboriosidad, actividad, esfuerzo, interés, anhelo, pasión, trabajo, afán, ahínco, eficacia, sospecha, duda, rivalidad y envidia, todas, son sinónimos de celos. Deberías tener amaestrado y perfeccionado el buen uso de ellas para que en el amor, cualquier tipo de amor, funciones bien para hallarte pleno. Esto es, ¡con calificación de excelente!

Haz un esfuerzo, Escorpión y trata de ver tus relaciones con objetividad. Esto podrá ayudarte a conocer qué es lo que puedes esperar y cuáles son los estilos que tienes para relacionarte. A veces tus hábitos te son tan familiares que no alcanzas a ver cuáles son tus tendencias y predilecciones. Entras en un círculo vicioso que hace que juzgues con prejuicios. Y la consecuencia de esto es que olvidas que las relaciones son el origen de nuestras mejores alegrías y mayores desdichas: complejas y misteriosas, se aleja la objetividad cuando nos encontramos en medio de ellas, y perdemos toda perspectiva.

Quién sino Escorpión para poner gran esfuerzo en su propio ser y permitirnos seguirle. Cosecha de tus capacidades y experiencias, para que cada vez que veas a Antares en el cielo nocturno, los quinientos años luz que tarda su resplandor en llegarnos a la tierra se nos hagan poco, y puedas llenarte de más amor para repartirnos un poco también.

$$\text{♈ ♉ ♊ ♋ ♌ ♍ ♎ ♏}$$

La decisión de poner a buen uso la idea que "Aries bajó del cielo", la tomó Tauro y la expuso a su manera. Todos entendieron y se sintieron mejor. Pudo Tauro así explicarle a los demás signos cómo disfrutar con un propósito que se convirtió en un poco más de amor.

Géminis fue quien les mostró de qué manera comprobar que la curiosidad impera, y gracias a sus finos consejos, todos entendieron cómo investigar para hacer un poco más felices a sus seres amados.

Después Cáncer se transformó para poder desarrollarse mejor. Cáncer puede convertirse en lo que quiera para complacer a su pareja, lo importante es que realmente lo desee. La fuerza de Cáncer reside es convencernos que hablemos con nuestra propia alma.

Leo embellece todo, y debemos dejarnos llevar por sus consejos, para lograr tener un poco más de amor en todo su esplendor. ¿Y Virgo? Virgo, con soberbia, permite hacer la pregunta adecuada para que los demás se cuestionen solos y lleguen a la conclusión de que deben todos querer un poco más al que tienen enfrente. ¡Gracias Virgo!

La participación de Libra es hacerle ver a Aries, Tauro, Géminis, Cáncer, Leo, Virgo, Escorpión, Sagitario, Capricornio, Acuario y Piscis que lo que no se refleja, es lo *más* de uno mismo. Para *verse*, tiene que haber dos.

Es decir, tener un poco más de amor, implica *verse* mejor.

Escorpión pone la muestra de que el ying y el yang funcionan como una entidad, siempre y cuando la transformación se haga sin romper los tabúes del de enfrente. De cierto modo, Escorpión nos libera de los nuestros con su ejemplo.

Sagitario

Centauro

Aquel que no sabe nada, no ama nada. Quien no puede hacer nada no comprende nada. Quien comprende nada no vale nada. Pero aquel que comprende también ama, se fija, ve [...] Mientras más conocimiento inherente a una cosa, mayor el amor [...] Y quien sea que imagina que todas las frutas maduran al mismo tiempo que las fresas, no conoce nada sobre las uvas.

Paracelso

Paracelso, quien se llamaba Theophrastus Bombastus von Hohenheim, vivió entre 1493 y 1541. Genio y figura, Paracelso escribió mucho sobre medicina que combinó exitosamente con estudios astrológicos. Nació un 17 de diciembre y es un dignísimo ejemplo de su signo: precursor, atrevido, amante de la naturaleza y firme en sus convicciones. Paracelso sostenía que por medio de la astrología se podía llegar a comprender más sobre el comportamiento y la disposición innata de cada ser humano y, de esta forma, permitirnos un mejor control sobre nosotros mismos.

Hace unos años encontré en mi propia biblioteca un libro que uno de mis padrastros, el gran Norbert Gutterman, matemático, filósofo y traductor de libros clásicos (pues hablaba y escribía perfectamente en 11 idiomas), tradujo por allá de los años 40: *La vida y obra de Paracelso*. Entré en una especie de estado catatónico y hubiera dado cualquier cosa por regresar el tiempo y preguntarle el porqué de esa traducción. Nosotros hablábamos frecuentemente sobre astrología, más bien él me preguntaba cosas, pero yo me quedaba siempre con la impresión de que el tema no le interesaba demasiado.

En el año 2001 leí su magnífica traducción y, de pronto, me di cuenta que me hallaba precisamente a principios del mes de diciembre. La tierra estaba rodando en el cielo a 250 mil kilómetros por minuto dentro del signo de Sagitario. Y yo pensé: "quizá Norbushka (así le decía a este maravilloso personaje a quien en varias ocasiones confundían con Einstein y a quien a su vez, él había conocido) me está enviando un mensaje de apoyo moral desde donde se encuentra" dentro de la enormidad del cielo estrellado. Me encantó la idea de creer que él me pedía que siguiera indagando sobre la astrología y sus efectos. Que eso que estaba yo haciendo estaba muy bien y que encontrar el libro era parte de un mensaje.

En muchísimas religiones y países, mientras predomina el signo de Sagitario en el cielo astral del 23 de noviembre al 22 de diciembre, se festejan días relacionados con momentos importantes para el alma de los humanos. La mayoría le hace honor a la palabra: "celebran y alaban". Son fiestas divertidas que le quedan como anillo al dedo al lado positivo de Sagitario y que embonan con la manera en que deben afrontar la vida en general estos animados individuos. Festejan con entusiasmo fuera de lo común los años nuevos.

En estas fechas se conmemoraba desde la Saturnalia (en la Roma antigua) hasta el día de Bodhi para los budistas (se celebra el día en que Buda vio su propia luz o llegó a conocerse espiritualmente); la fiesta del Ramadán para los islámicos y, hasta hoy en día, en Bélgica, la "Fiesta de los amantes"; cerca del Polo Norte los inuits conmemoran y celebran durante estos días a las "almas de las ballenas muertas". ¡Y la lista es enorme!

No creo que todo esto sea una simple casualidad, porque nuestros queridos Sagitarios nacen dentro del signo del zodiaco más dispuesto a festejar y a divertirse. A disfrutar de la vida además de que saben (por lo general) cómo aprovechar lo bueno de su tiempo para convertirlo en algo duradero.

Cuando alguien dice "le voy a sacar el mejor partido" —sea persona, lugar o tiempo— no importa si es Aries, Tauro, Géminis, Cáncer, Leo, Virgo, Libra, Escorpión, Capricornio, Acuario o Piscis, está usando su lado, su aspecto, su don de Sagitario. ¡Y gracias al cielo, a dios, a los astros y a la vida misma que todos lo llevamos en nuestra memoria colectiva y lo tenemos! Lo importante es saberlo aprovechar.

El único signo cuyo símbolo nos muestra un ser mitad hombre mitad animal es Sagitario, representado por un brioso centauro. Con sus cuatro patas bien puestas en el piso, mirando al cielo lejano pero siempre apuntando hacia una estrella o hacia algo específico. Sagitario debe tener sus metas bien

afianzadas y mientras más tenga, mejor. ¡De diez consigue la mitad! ¡Qué más se puede pedir! Sin embargo, Sagitario debe recordar no darse el lujo de perder el tiempo en quejas. Porque es allí donde aparece su talón de Aquiles y se vuelve aburrido. Sus quejas llegan a ser terribles, a tal grado que puede aparentar ser hipócrita. Y esto a Sagitario no le conviene en lo más mínimo, pues la hipocresía es algo que va en contra de su equilibrio y encanto.

A Sagitario se lo puede llevar el viento. Un día despiertas y ya no está. Física o moralmente. No te aguanta o tal vez no se aguanta, pero Sagitario considerará que la culpa es tuya, más bien que la culpa no es suya, aunque eso esté lejos de la realidad o la jaula sea "de oro". Sagitario puede decir con gran garbo "ni modo" y seguir los enredos que su constitución doble le impone.

Dos criaturas que solamente se pueden unir en la mitología y producir un tercero; hombre y caballo; ejemplo de dos estaciones del año, otoño e invierno. Sagitario tiene un poder doble. El de hacer y deshacer. No por nada los mejores predicadores, sacerdotes o líderes tienen este signo en lugar prominente.

Sagitario se rige por Júpiter. Y éste es quien nos permite expandirnos, renovarnos cada doce años y, en algunos lugares del mundo, es considerado como el "maestro espiritual de los dioses".

Júpiter también significa "Señor del poder" y esto, tanto en la mitología como en la vida real, a veces los ciega. Y, por lo mismo, cuando a Sagitario algo le duele o le sale mal, no le "cuaja" o termina una relación, no sabe cómo encontrar consuelo. Sagitario sufre más porque su constitución interna está hecha para poder gozar siempre y como esto es imposible, se retuerce en dolor por el simple hecho de que su misma existencia no está programada para padecer.

Entonces, para saber como valorar, hacer o mantener la pareja Sagitario, hay que medir algo. Y no hay pierde si verifican el grado de diversión que pueden pasar juntos. Si es mayor que todo lo demás, la relación funciona. Si no, habrá que realizar un esfuerzo grande. Pero si esta fase de la relación no funciona, no hay nada que hacer. Sagitario necesita pasarla bien con su pareja y no está puesto o puesta en este mundo para lo contrario. Sagitario con frecuencia se sorprende a sí mismo y, mientras que esto no sucede, está espe-

rando que ocurra. La diversión o las pequeñas aventuras buenas de la vida son como electrodos bien puestos debajo de su piel, los hace vibrar, aguantar y querer más. O quererte más. Y quien comparta la vida con Sagitario necesita tener esto muy presente para aguantar lo que de otra manera podría ser interpretado como simple grosería y que, en el mundo interno y personal de Sagitario, no lo es. Sus horizontes deben ser amplios, su pensar liberal; sus metas, infinitas. Lo mejor que puede pasarle a Sagitario es que alguien le diga con asombro ¡TANTO así me quieres! Y Sagitario debe sentirse con la confianza de responder "más que eso, te quiero más" y sentirse bien al decirlo aunque sea por un rato al día.

No le pidan más por favor.

MITOS

En el lenguaje astrológico, para cualquier persona, cuando Júpiter pasa por un signo astral específico (esto se repite aproximadamente cada doce años) las cosas van bien. Muy bien. Pueden suceder cosas maravillosas y algún sueño generalmente se hace realidad. Y, aunque a veces parecería todo lo contrario, tiempo después notarás que la vida te estaba protegiendo y cuidando sin que tú mismo o misma te dieras cuenta. Sagitario lleva en su sique a Júpiter como gran protector; por lo tanto, cuando está planeando algo para dentro de un rato, para mañana o para el futuro, se hace un gran favor aunque no esté pasando por su signo ahora. Por ser Júpiter el mandamás de su signo les diré algo muy personal a los sagitarios lectores: Júpiter estará en su casa solar desde el 28 de noviembre de 2006 hasta el 18 de diciembre de 2007, pero esto no quiere decir que tengan que esperar hasta entonces para vivir lo mejor de sus vidas, simplemente ténganlo en cuenta.

Cuando platico con alguien de signo Sagitario siempre me gusta preguntarle "¿y qué planes tienes?". Cuando me contestan con firmeza y no paran de hablar sé que llevan su propio signo bien puesto, aunque sus deseos o sus sueños parezcan alocados. Pero, si responden con dos o tres palabras y parecen no saber de lo que les estoy hablando, me preocupo.

La mayoría de las artes, además del comienzo de la apreciación de lo que ahora llamamos las ciencias, son legados de los griegos antiguos. La astronomía, las matemáticas, la ingeniería, la arquitectura, la astrología, la medicina, el dinero, la literatura, las leyes y, de cierta manera, hasta nuestro moderno lenguaje científico. Las historias escritas por Homero y Hesiodo, que ahora lla-

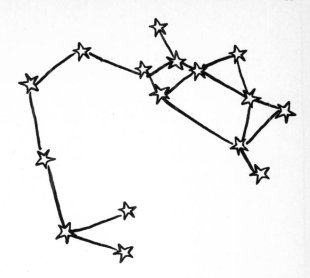

mamos mitos, contadas por ellos y por otros poetas se repetían en los hogares, en las calles, en los salones de clases. Todo hombre educado conocía los mitos tan bien como nosotros ahora conocemos la Biblia o quizá la historia de nuestros héroes mágicos o los personajes casi reales de las historietas, como Batman, La Mujer Araña, Superman, Spiderman o El Señor de los Anillos. Los habitantes de la Grecia Antigua veían el cielo estrellado como un gran libro abierto con las figuras de los mitos dibujadas en la bóveda celeste. Parte de este párrafo es una traducción libre del libro escrito por Robert Graves (que todo Sagitario debe tener en casa), *Los mitos griegos*. Había centauros borrachos y centauros que educaban majestuosamente a los hombres que se convertirían a su vez en héroes de la historia. Quirón es el centauro sabio, maestro supremo, hijo de Cronos, el dueño del tiempo. Quirón fue a su vez educado por Artemis y Apolo. Los amigos de Quirón se instruían simplemente al estar a su lado, sus alumnos se ilustraban con su ejemplo y es el centauro antídoto de los demás cuyo carácter dejaba mucho que desear, prueba fehaciente de la bipolaridad, duplicidad, ambivalencia; a veces las emociones de este Sagitario están confrontadas. Los queremos tanto, pero para ellos el amor es repentinamente un gran juego de voluntades.

La gran mayoría de los Sagitarios tendrán momentos de una ternura absoluta y, repentinamente, parecen convertirse en personajes desconocidos como si fuesen primos hermanos del doctor Jeckyll y mister Hyde. La frase de amor que acaban de decirte se convierte en un arrebato de enojo que podría parecer odio, aunque ellos ni cuenta se den y les parezca que su comportamiento es totalmente natural. No hay que olvidar que todo Sagitario mujer tiene su porción de amazona, esas mujeres impresionantes que montan a pelo, usan cabellera larga y enredada y fueron las primeras jinetes de la historia. Enloquecidas con su propia libertad, sus historias se contaban por toda el Asia menor y aseguraban que una vez al año se llevaban a los hombres que querían para asegurar su estirpe. Si el producto de la noche era niño lo aventaban a los lobos; si era mujercita era educada como sus madres, convirtiéndola en un temible guerrero y cazadora sin igual. Existen historias de tórridos romances entre algunas amazonas con los dioses y con algunos simples mortales de aquél entonces, en el mundo de "érase una vez", y pocas son las culturas que no tienen historias de mujeres bravas que "hacían de las suyas". Todas, son primas lejanas las amadas Sagitarios. Y cada cual tendrá que descubrir cómo amaestrar a la suya. En el caso del hombre Sagitario con ser Centauro basta, él tendrá que descifrar su propia fuerza y su propio "hasta aquí".

¿Quién no ha oído hablar de Diana la Cazadora? Descrita por Homero mismo, encarna el modelo de la mujer liberada que puede embrujar al hombre que escoge. Cuidado Sagitario, haz lo que quieras de tu vida porque podrás, pero no te pases nunca de listo, no necesitas hacerlo. Tienes lo que se necesita para querer un poco más y gozarlo al mismo tiempo.

EL ESPEJO DE SAGITARIO

"Y aquel que no sabe lo que es un cariño,
me da mucha pena, me da mucha lástima.
Ay de mí, llorona, llorona, llorona llévame al río,
y aquel que no sabe de amores, llorona,
no sabe lo que es martirio".

Canción popular

No tienes que ser Sagitario para que te guste "La Llorona". Pero hay que hacer notar todo lo que estas dos estrofas implican: pensar que sólo ellos, los Sagitarios, saben lo que es sufrir, la pena que pueden sentir hacia los demás o la pena directamente ajena; sentir una profunda lástima si hace sufrir o por quien sufre; la compasión, el enternecimiento con los animalitos, la verdadera aflicción para el dolor ajeno. Y en otras ocasiones, el querer ir a pasear (al río, con o sin la llorona, para secarle sus lágrimas o secar las suyas propias); gozar los olores del campo, saber de amores, entender el martirio... todo esto y más es parte del espejo de Sagitario, además de que les va muy bien a los nacidos bajo este signo, personas que deben siempre tener una mascota en casa.

Para ser samurai, esos hermosísimos guerreros japoneses, el tiro perfecto con el arco y la flecha es una prueba que tienen que pasar mientras galopan a caballo frente al blanco. Tienen una sola oportunidad y esto lo estudian durante años. Para lograrlo tienen que dominar no solamente el tiro en sí, sino también la manera de usar toda su concentración y destreza para no perder el punto que tendrán que alcanzar mientras galopan a 60 kilómetros por hora. La flecha que carga Sagitario en su figura debería ser usada de la misma manera. En especial cuando escogen a la persona con quien han decidido pasar parte de su vida y vivir una historia de amor, que para Sagitario siempre será inolvidable. Sagitario forma parte de los imponentes individuos que todo lo pueden si logran el buen uso de sus propios atributos.

Quizá Sagitario tuvo durante los precisos nanosegundos del big-bang (el gran estallido) que reconciliar sus propias funciones. Las noches comenzaron a ser las más largas y, por consiguiente, necesitaba el mundo un nuevo rayo de luz. Y sobre ese rayo venía sentada la esperanza, la que nos ayuda a vislumbrar la posibilidad, siempre, de un nuevo amor. Ese, este o aquel que habrá de darnos aún un poco más, para que todo sea mucho mejor.

Sagitario tiene buen corazón cuando está montado sobre el lado soleado de su signo. Como su pareja puedes extrañarle mucho cuando no está, pero cuando lo o la tienes a tu lado posiblemente llegues a pensar que no es exactamente lo que te habías imaginado al extrañarla o extrañarlo *tanto*. Cuando logras comprender que Sagitario necesita locomoción constante, la confusión deja de inquietarte y te darás cuenta que si eres Sagitario, hay momentos durante los cuales sabes dar absolutamente lo mejor en relación con los demás y más les vale a los que están bajo el encanto de tu ser que lo sepan y sepan apreciarte. Si no eres Sagitario, pero tu meta es atrapar o conseguir ese poco "más de amor" de este asombroso y realmente *hadado* ser, tendrás que prepararte para aguantar más de lo que quisieras, obtener más de lo que seguramente mereces y gozar más que muchos otros con Sagitario a tu lado.

♈ ♉ ♊ ♋ ♌ ♍ ♎ ♏ ♐

La decisión de poner a buen uso la idea que "Aries bajó del cielo", la tomó Tauro y la expuso a su propia manera. Todos entendieron cómo disfrutar con un propósito que se convirtió en un poco más de amor.

Géminis fue quien les mostró, de qué manera comprobar que la curiosidad impera, y gracias a sus finos consejos, todos entendieron cómo investigar para hacer un poco más felices a sus seres amados.

Después Cáncer se transformó para poder desarrollarse mejor. Cáncer puede convertirse en lo que quiera para complacer a su pareja, lo importante es que realmente lo desee. La fuerza de Cáncer reside en convencernos que hablemos con nuestra propia alma.

Leo embellece todo y debemos dejarnos llevar por sus consejos para lograr tener un poco más de amor con todo su esplendor. ¿Y Virgo? Virgo, con soberbia, permite hacer la pregunta adecuada para que los demás se cuestionen a sí mismos y lleguen a la conclusión de que todos deben querer un poco más a quien tienen enfrente. ¡Gracias Virgo!

La participación de Libra es hacerles ver a Aries, Tauro, Géminis, Cáncer, Leo, Virgo, Escorpión, Sagitario, Capricornio, Acuario y Piscis que lo que no se refleja, es lo *más* importante de uno mismo. Para *verse*, tiene que haber dos.

Es decir, tener un poco más de amor, implica *verse* mejor.

Escorpión pone la muestra de que el ying y el yang funcionan como una entidad, siempre y cuando la transformación se haga sin romper los tabúes del de enfrente. De cierto modo Escorpión nos libera con su ejemplo.

Sagitario hizo que nos diéramos cuenta que existe alguna razón en todo lo que nos sucede. Nos regala bondad para que nosotros podamos a la vez repartirla y nos permite creerle a quien nos dice "quiero quererte un poco más", aunque no sea cierto.

Capricornio

Jano

Lo que debe hacerse, se hará. Esto es lo que con elegancia y maestría sabe hacer Capricornio. A su tiempo, con maestría y sapiencia; nunca hay que olvidar que alguna vez Capricornio ayudó al rey Salomón con su libro de las sabidurías.

Cleopatra tuvo que haber sido Capricornio. Encarna todo lo relevante en una mujer de su signo. Yo sé que Ava Gardner y Marlene Dietrich lo eran y que Elizabeth Taylor, quizás una de las mujeres más contempladas de nuestro tiempo, hizo historia imitando a esta inteligente y bella reina en la película que lleva su nombre: *Cleopatra*. Y, "la Taylor", en combinación con la bella egipcia, consiguió el primer millón de dólares pagado a una artista por una sola película. Bien valió la pena. El fantasma de la reina tiene que haberla ayudado, pues "tener mucho más" es un don que viene con el signo.

¡Y qué me dicen de los varones Capricornio!

Paciencia, una de las virtudes de mayor importancia. En el conteo de santos y multimillonarios hay más capricornianos que cualquier otro signo. Aguante, resistencia, poder para soportar esperando mucho más de lo soportable. Experiencias que se cristalizan, además de que no hay Capricornio que no lleve el sabor de todos los besos que le han dado en alguna parte de la boca. Signo del destino de todos.

J. Kepler, el ilustrísimo y genial astrónomo y matemático alemán, quien nos dejó el legado de sus palabras escritas y la interpretación de su propia carta astral, alguna vez escribió: "Las estrellas no obligan, no anulan el libre albedrío de un individuo, pero imprimen en el alma un carácter particular. Con la primera chispa de vida cada persona recibe un temperamento y un patrón de todas las constelaciones de los cielos o de la forma de los rayos que fluyen hasta la Tierra, los cuales conserva hasta la tumba". La larga y mordaz carta que escribe Kepler continúa especificando sus puntos de vista sobre el efecto de los astros sobre el carácter humano y termina diciendo: "Esto es lo que yo creo y no hay monería alguna capaz de convencerme de lo contrario".

Esta última frase tiene mucho peso. En primer lugar por la personalidad que la escribió, en segundo lugar porque es parte del pensamiento de Capricornio.

Nadie me va a convencer de lo contrario hasta que yo compruebe otra cosa. Y en el amor, es igual.

Y Kepler se daba su tiempo para investigar lo que fuese: por ejemplo, pasó 17 años de esfuerzo en comprobar una sola de sus múltiples ideas.

Así es Capricornio. Esa gracia tiene. Puede esperar años y no fastidiarse. Quizá porque tiene a Saturno como su más viejo amigo, el que lo rige y el que a veces lo fastidia (si Capricornio se deja manipular). A Saturno se le relaciona con la razón del tiempo, con el *senex* (palabra inventada por Jung, que tiene sus raíces en el latín y que podría ser representante de Merlín, esa parte de nuestra persona que tiene sabiduría innata, legado de lo aprendido por la humanidad durante todos los milenios que nos han precedido).

Capricornio se apasiona por algo o por alguien, por una idea social, por el misticismo, por dominar el mundo cuando menos una vez en la vida. Y a Capricornio frecuentemente la vida le cumple sus deseos, pero a largo plazo. Capricornio necesita un poco más de soledad de lo que Aries, Tauro, Géminis, Cáncer, Leo, Virgo, Libra, Escorpión, Sagitario, Acuario y Piscis quisieran otorgarle y habrá que tener cuidado con Capricornio como nuestro único o primer gran amor, porque los demás podemos realmente fastidiarlos si no entendemos que necesitan una buena dosis de soledad. Capricornio tiene mil reservas; puede aguantar dolor del corazón (del tipo de amores perdidos) sin que aquellos que le rodeen se den cuenta.

Típicamente, alguno de este signo (o con la Luna en este signo) puede sufrir una enorme traición o un tremendo engaño y aparentar que todo va bien, cuando en realidad, el diablo se lo está llevando por dentro. Capricornio, por lo mismo, puede perder su buen equilibrio mental y le cuesta un poco más hacer demostraciones de amor. Ama con una gran intensidad pero demostrarlo le es sumamente difícil.

"Lo único que me queda es el lento arrepentimiento de un amor pasado y la melancolía de lo que pudo haber durado, mas terminó en no fue".

Estas líneas aparecieron escritas con letra perfecta en *graffiti*, sobre las anchas y largas paredes de un convento cerca de "un lugar", quizá la Mancha, y hubo algunos que al leerlo vertieron una que otra lágrima.

Sólo alguien Capricornio pudo haberlas escrito y los sufrimientos ocultos y resguardados en su corazón seguramente habrían sido aliviados por alguien que le indicara cómo ahuyentar su miedo de amar desenfrenadamente.

¿Amas a alguien nacido entre el 23 de diciembre y el 20 de enero? Entonces amas a un Capricornio. Y aunque cierto es que nadie ama de la misma manera, lo tuyo es complicado pero intenso; difícilmente se deja ir hasta la locura y fácilmente promete todo pensando en que quizá nunca lo tendrá que cumplir; pero si le exigen un poco sabrá bajar las estrellas y la Luna para el objeto de su deseo. Capricornio sabe ser responsable y serio si lo merece quien esté a tu lado. Para comprender este signo habrá que leer una y otra vez lo que me dijo un gran cosmógrafo hace muchos años.

"En algún lugar leí", dijo este hombre erudito de pelo blanco, facciones firmes y voz pausada, "que todas las pirámides de Egipto fueron construidas por hombres nacidos bajo el signo Capricornio. Por el simple hecho de que solamente aquellos que llevan este signo en su alma podrían haber llevado esas tremendas piedras a través del desierto, una por una, y edificar algo que durara tantos miles de años, impresionando a tantas generaciones de hombres y mujeres".

Reí un poco, quizá nerviosamente cuando lo escuché, hace unos treinta años, pero jamás olvidaré el cambio de tono en su voz cuando me reprendió y me dijo: "No te rías jovencita, te estoy diciendo algo tan cierto y claro como la noche y el día, así es Capricornio, y nadie puede saberlo mejor que yo".

Resumió todo en un párrafo. Nunca, nadie, ni antes ni después me explicó con tanta claridad cómo era Capricornio en tan pocas palabras. Lo podría repetir tantas veces como minutos en un día y no me aburriría de escucharlo. La huella de ese día quedó plasmada en mi memoria, porque poder describir de esa manera un signo astrológico tan complicado nos recuerda las líneas de otro filósofo quien dijo "más es menos". O, de lo bueno poco. Cerrando los ojos puedo reconocer el olor del aire que soplaba ese día, en un lugar de

Italia. Yo había ido a consultar a este gran conocedor del arte astrológico sobre mi futuro (mi pregunta se refería a dedicar el resto de mi vida a este arte) como astróloga. Vi su enorme biblioteca, además de que por sus conocidos y palancas me invitó a visitar la parte de la Biblioteca del Vaticano que contiene la mayor cantidad de libros esotéricos y astrológicos que he visto en mi vida. Con una llamada suya nos abrieron las pesadas puertas del gran salón que las contenía y nos llevamos tan bien que acabó por confesar su propio signo astrológico. Capricornio.

"Amar la vida para ver la justicia y ver la justicia para vivir plenamente"

Esto es algo que cualquier Capricornio entenderá al instante y relacionará su significado tanto con el trabajo y el deber, como con el amor y la pasión.

A Capricornio lo puede dominar su voluntad y eso está muy bien mientras se ocupe de forjar su propio destino y no el ajeno. Capricornio necesita pugnar para lograr (por lo general), obtener una dosis un poco más alta de voluptuosidad en su vida, y hará bien si investiga la mejor manera posible para lograrlo. Esto le permitirá liberarse un poco más. De lo contrario puede encontrarse batallando con lo que para unos es una tremenda fuerza moral y para otros es simplemente una "flema" que puede obstruir y hasta destruir su gran solidez.

"Soy más bien frío" suelen decir los nacidos bajo este signo, pero se equivocan. Tiene un enorme sentido de responsabilidad que a veces le impide gritar: "¡TE AAAAAAAMO!"; y si no se atreven, por miedo al autoengaño, que pena, pues Capricornio tiene fuerzas para aguantar lo que sea y salir ganando al final. Deben saber que al coartar su fuerza se pierden en una maraña de algo parecido al complejo "Atlas" (esto es querer cargar los problemas de todo el mundo en su propia espalda sin pedir ayuda).

Capricornio, para llegar a tener ese poco más de amor simplemente tiene que resolver los problemas que se vayan presentando y pensar en largos plazos; y para vivirlo tiene que seguir con diligencia sus ideas y ponerlas en marcha; rogar si es necesario, repetir si se lo piden, mostrarse infatigable y así, siempre saldrá bien librado además de salirse con "la suya". Todos, cuando queramos pretender ser "grandes" deberíamos imaginarnos como si fuéramos Capricornio y lograremos lo que sea nuestra voluntad, siempre y cuando algún Capricornio nos dé el visto bueno.

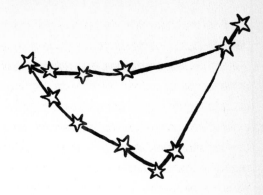

MITOS

"Los dioses: eso que no existe pero nos hace existir"
P. Solié

La edición del año de 1911 de la *Enciclopedia Británica* tiene un enorme prestigio por los autores de los diferentes capítulos que en ella se encuentran. Es el tesoro de mi casa que en una ocasión don Jesús Reyes Heroles quiso convencerme de venderle durante un viaje en el que ambos nos encontramos, en un vuelo entre Nueva York y México. Su conversación, como siempre, fue maravillosa. Saber que este gran pensador mexicano, dueño de una gran biblioteca propia, se interesaba por mis volúmenes me enorgullece hasta la fecha, pero no se la vendí. ¡Y qué bueno! Me ha servido para ilustrarme sobre muchísimas cosas y la sección de astrología es un portento de inteligencia.

En el rubro sobre mitos dice algo que debo compartir con ustedes:

La mitología es la ciencia que examina los mitos o las leyendas cosmográficas y de los dioses [...] Cuando hablamos de la ciencia de la mitología nos referimos a los intentos que se han hecho para explicar estas antiguas narrativas [...] Los humanos desde hace miles de años se dieron cuenta que su estado conciente exigía saber aun más de lo que la religión les explicaba. Así, los mitos del hombre civilizado (por ejemplo, los de los griegos) siempre contienen dos elementos. El elemento "racional" y lo que en la mente humana se puede llamar "lo irracional" [...] Y, dentro de las explicaciones que desarrollan los mitos, encontramos respuestas en lo ético, en lo erótico, en lo físico, en lo religioso, en lo histórico y, sobre todo, en el comportamiento romántico.

Y así es. La familiaridad con la que los antiguos griegos compartían sus vidas con las de los dioses forma parte de nuestra conciencia colectiva moderna. Y el signo Capricornio de cierta manera se lleva el premio mayor. ¿Por qué? Por el hecho de que Capricornio está históricamente dotado de un alma seria y cuando logran responder a su lado positivo, llegan tan lejos como pueden imaginarse en sus sueños más alocados o improbables. De este signo se dice que trae la fuerza del "regreso de la luz". Es decir que puede construir lo que realmente le importa casi de la nada. Comenzar de cero y llegar a las cimas más altas. De elemento tierra tiene capacidad para hacer mucho por los demás si quiere, pero también puede (y suele hacerlo) olvidarse de las necesidades ajenas, incluso tiene fama de considerar a sus seres cercanos como ajenos. A menudo, sus propuestas son hechas de manera indirecta y si la carnada es ignorada, Capricornio te considerará algo inepto. Capricornio debe tener presente el significado profundo de las siguientes palabras: fuerza, aguante, moderación, tenacidad y perseverancia. Siempre y cuando no se deje llevar por la dureza y la inflexibilidad. Su propia vida puede ser su trono. Capricornio necesita tener presente que el dios de las puertas, Jano, es quien le puso nombre al mes de enero (*Januarius*) por abrir la puerta del nuevo año. Las puertas de la casa de Capricornio son de suma importancia y bajo el marco de una puerta pueden atreverse a decir cosas protegidos por los chamanes de antaño. A Jano se le representa con una cabeza de dos rostros porque conocía el pasado tanto como el porvenir y le fue asignado el oficio de portero del cielo.

Capricornio tiene entre sus mitos, la historia de la Cabra Amaltea, quien amamantó a Júpiter. Desde la boca de éste cayó una gota de leche, extendiéndose por el cielo y formando la Vía Láctea. Júpiter en agradecimiento elevó hasta el cielo a Amaltea para que se le venerara bajo el nombre de Capricornio para siempre.

Es importantísimo que Capricornio permita el desarrollo de la propia interpretación de sus mitos para poner a buen uso esa pasión tan desconocida del personaje saturnino. "Mal de amores" es algo que sabe guardar y cuya curación debe permitirse. Siempre. Y siempre es una palabra con la cual Capricornio sabe convivir sin inmutarse. Nunca debes permitirte, Capricornio, abandonarte a la soledad total. Y aunque puedes ser absolutamente sincero y verídico en tus sentimientos, un pequeño esfuerzo por complacer a los que te quieren siempre será ganancia.

Recuerda que los retrasos y los obstáculos son efectos del mal uso de la fuerza saturnina con la cual te bendijeron los dioses; esa misma fuerza es infinita por la simple razón de que Saturno es casi el más fuerte de todos los seres mitológicos que el cielo pudo habernos regalado. Un poco más de amor se me hace poco para un Capricornio, quien puede fácilmente exigir que después de "ese poco", se lo sirvan todo.

EL ESPEJO DE CAPRICORNIO

 El símbolo del eterno patriarca (o del matriarcado) tiene mucho que ver con Capricornio. A tal grado que Capricornio, para verse en el espejo, debe hacerlo con su familia a lado. Verlos y verse de manera "abierta a las críticas" de parte de alguien que crea conocerlos, es excelente para los nacidos bajo este, el décimo signo. Inclusive, para Capricornio, poder cargar su propia fotografía o tenerla a la vista para criticarse, alguna o varias veces al día, es magnífico. Y magnífico es una palabra que por lo general los nacidos bajo este signo utilizan para contar, no para amar.

De no hacerlo podrías orillar a "los tuyos" a: 1) ignorarte sin que lo sepas o, 2) convertirse o hacerte justamente lo opuesto a tus íntimos deseos.

Capricornio no es buen juez de sí mismo. Es uno de sus problemas y necesita verse bien en el espejo de su alma para encontrar... más bien para entender cómo entregarse en el amor de manera que su pareja, sus amigos, sus familiares y "su gente" comprendan que no es un bloque de hielo. Que ama, que sabe hacerlo, que puede preocuparse. Quisiera expresarse, necesita sensualidad y desea ser totalmente fiel con los que siente suyos. Y para Capricornio, el respeto es imperante. A tal grado que ha producido ejemplares como Stalin y Mao, aunque esto también tenga porcentajes de casualidad. Capricornio puede tardar más que Aries, Tauro, Géminis, Cáncer, Leo, Virgo, Libra, Escorpión, Sagitario, Acuario o Piscis en tomar sus decisiones, pero una vez que las toma jamás olvida. La reflexión es una de sus mejores aliadas y por lo general tiene buenas aptitudes para las matemáticas. Capricornio raramente es el alma de la fiesta, y comúnmente es quien cuenta las copas que se toma fulano o mengano, si es que no las está pagando, como suele ocurrirle. Capricornio nunca debería casarse sin reflexionar si además de amor existe amistad.

Si usted se casa con un Capricornio puede estar seguro de que siempre tendrá algunos pesos guardados por ahí para "lo que se ofrezca". He encontrado dentro de mis libros viejos, esos que tanto me gusta citar, que repetidas veces señalan el hecho de que donde se encuentra el signo de Capricornio en una carta astral personal, es en donde habrá necesidad de aprendizaje y auto-profundización. Esto siempre tendrá mejores resultados si se hace entre dos; y, para Capricornio, aunque sea un signo más solitario que gregario, esforzarse para verse en su propio espejo a través de los ojos de algún acompañante (sea familiar, amigo o su ser más querido) es lo mejor que le puede suceder.

De los doce signos del zodiaco, Capricornio es el menos crédulo. Es quien exige pruebas, es el que menos participa en sesiones de preguntas y respuestas cuando tengo teléfonos abiertos en alguna radiodifusora, es el más exigente a gran escala (¡compruébamelo! se les oye decir con frecuencia) y de los cuatro genios que se dedicaban al estudio del cielo, recordados en los planetarios más importantes de nuestro tiempo, uno era Capricornio y despreciaba la astrología, aunque fue gran maestro de la alquimia. Newton es el Capricornio que acumuló más páginas escritas sobre la alquimia, incluso más que de la teoría de la gravedad, pero no creía en la astrología. Galileo, Copérnico y Kepler elaboraban cartas astrales para sí y para los suyos; frecuentemente con eso ganaban unos centavos al calcular horóscopos para los amigos de sus amigos. El camino de Capricornio está dirigido hacia la reflexión, a tal grado que se dice que los niños Capricornio nacen con una sabiduría de más. Con algo que pareciera una sapiencia extra y que les permite ser felices consigo. ¡En un pequeño, esto siempre llama la atención! Las manifestaciones de cariño de Capricornio son recatadas, pero no por eso son menores que las de cualquier otro signo. Es como quien lee en voz alta o en silencio, uno no comprueba saber leer mejor que el otro, pero como el afecto o el cariño es algo que muchos piensan debe mostrarse andando, a menudo sus sentimientos son coartados porque no los saben demostrar y les piden que justamente hagan eso. Capricornio sabe por instinto que es su conjunto de atributos lo que permite que se acomode dentro de su propio signo: la educación, su ADN, el ambiente social y múltiples aspectos de la misma carta astral. Pero en el amor, su instinto se pierde y no puede ubicarse solo, simplemente por no saber de qué manera acomodar sus propias piezas. No le ayuda su signo a "cachondear" con sus propios atributos. Por serio, quizá. Por recatado, tal vez. Curiosamente, Capricornio es quien de mejor manera debería poder utilizar lo que cualquier científico sabe. Todos estamos hechos de la misma materia cósmica y por supuesto que todos alguna vez fuimos parte de una misma estrella.

Capricornio debe asegurarse de que habiendo sido uno, ahora es parte de un todo, quien puede exigir ese poco más de amor para satisfacerse, aunque crea que no lo necesita. ¡Yo sé que así, a dos manos, será mucho más feliz!

♈ ♉ ♊ ♋ ♌ ♍ ♎ ♏ ♐ ♑

La decisión de poner a buen uso la idea que "Aries bajó del cielo", la tomó Tauro y la expuso a su manera. Todos entendieron y se sintieron mejor. Pudo Tauro así explicarle a los demás signos cómo disfrutar con un propósito que se convirtió en un poco más de amor.

Géminis fue quien les mostró, de qué manera comprobar que la curiosidad impera, y gracias a sus finos consejos, todos entendieron cómo investigar para hacer un poco más felices a sus seres amados.

Después Cáncer se transformó para poderse desarrollar mejor. Cáncer puede convertirse en lo que quiera para complacer a su pareja, lo importante es que realmente lo desee. La fuerza de Cáncer reside en convencernos que hablemos con nuestra propia alma.

Leo embellece todo y debemos dejarnos llevar por sus consejos para lograr tener un poco más de amor con todo su esplendor. ¿Y Virgo? Virgo, con soberbia, permite hacer la pregunta adecuada para que los demás se cuestionen a sí mismos y lleguen a la conclusión de que todos deben querer un poco más a quien tienen enfrente. ¡Gracias Virgo!

La participación de Libra es hacerles ver a Aries, Tauro, Géminis, Cáncer, Leo, Virgo, Escorpión, Sagitario, Capricornio, Acuario y Piscis que lo que no se refleja, es lo *más* importante de uno mismo. Para *verse*, tiene que haber dos.

Es decir, tener un poco más de amor, implica verse mejor.

Escorpión pone la muestra de que el ying y el yang funcionan como una entidad, siempre y cuando la transformación se haga sin romper los tabúes del de enfrente. De cierto modo Escorpión nos libera con su ejemplo.

Sagitario hizo que nos diéramos cuenta que existe alguna razón en todo lo que nos sucede. Nos regala bondad para que nosotros podamos a la vez repartirla y nos permite creerle a quien nos dice "quiero quererte un poco más", aunque no sea cierto.

Capricornio nos regala la sabiduría que necesitamos para continuar amando. Capricornio tiene que aguantar mientras nos equivocamos para ponernos el ejemplo y ayudarnos a conquistar ese poco más de amor para la eternidad.

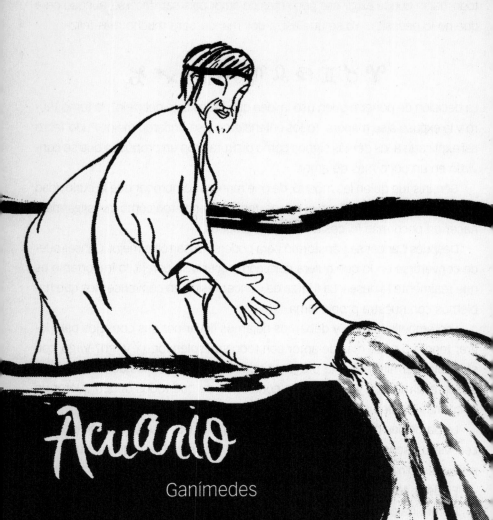

Acuario

Ganímedes

"La mayoría de los humanos tiene una capacidad casi infinita de dar por hecho que todo funcionará"

A. Huxley

Acuario por lo general da por hecho que las cosas se hacen al andar, pero a su manera. Y cuando esto no sucede, Acuario cambia su mundo, o se cambia de mundo, para que todo ocurra como desea.

La figura astrológica de Acuario parece estarnos regalando agua, vierte el preciado líquido de una vasija que tal vez tenga el significado de que Acuario da, nutre, permite que limpiemos lo que queramos. De cierta forma simboliza la posibilidad que cada persona tiene para abrirse cualquier camino o lograr las locas aventuras que Acuario siempre trae en mente. ¿Cómo? Fácil. El agua toma la forma de la vasija que la contiene y así, Acuario se permite todo porque todo se puede. Su astro-ecograma, inventado por los antepasados de los antepasados de los antepasados, le regala dos ondas: una ola doble que fluye hacia un lado y hacia el otro: hacia lo banal y lo importante a la vez; encargarse de las pequeñas cosas de la vida diaria (cómo cambiar la llanta de un coche, pagarse una comida, hacer una cuenta, acariciar distraídamente a un animal o descuidadamente a una persona) y cambiar repentinamente de giro. Acuario siempre tendrá en su guardarropa alguna prenda alocada, en su corazón una (sino es que varias) amistad fuera de lo común. Un interés por algo que nada tiene que ver con su vida presente, un amor que todos creían imposible. Y una vez que cambia su punto de vista o que logra apaciguar su errante alma, la búsqueda de una nueva aventura puede hacerle pensar que de nuevo se aburre.

Otra vez alterará su mundo y pondrá a trabajar su reloj interno que lleva una hora cósmica totalmente fuera de la dimensión que todos conocemos. Es la hora de Acuario.

Recordemos (Aries, Tauro, Géminis, Cáncer, Leo, Virgo, Libra, Escorpión, Sagitario, Capricornio y Piscis) que todos tenemos a Acuario en algún lugar de nuestra carta astral y donde se encuentra este signo hay diversión, cambios y movimiento constante.

Su elemento es aire y quizá por esto también nos confunde. Llega, creemos que a quedarse, y cuando ya estamos tranquilos y acostumbrados se va. No precisamente a buscar otros brazos, sino más bien a explorar su propia utopía, aunque existen Acuarios quienes no saben siquiera lo que la palabra utopía quiere decir. Ambos Acuarios se miran y a uno le parece que el tonto de la colina es el de enfrente. Se le olvida quizá la letra de esa maravillosa canción de los Beatles, "The Fool on the Hill":

"but the fool on the hill
sees the sun going down
and the eyes in his head
see the world spinning round "

pero el tonto de la colina
ve ponerse el sol
y sus ojos
ven al mundo dando vueltas

Utopía: plan, proyecto o sistema optimista que aparece como irrealizable en el momento de su formulación.

Utopía tiene muchos sinónimos. Ilusión, irrealizable, quimera, imaginación, fantasía, sueño, ideal, absurdo, teoría, ficción, imposible, desvarío, mito, alucinación, capricho, y castillos en el aire. Todos los que nacen bajo el signo de Acuario deberían tener alguna relación que puedan emparejar con cada una de las palabras de la listita de significados y si una doceava parte de la humanidad es signo Acuario, habrá quinientos millones de maneras diferentes de sentir, usar, proponer y realizar sus propios planes utópicos.

Para Acuario, por lo general no existe un poco más. Acuario quiere todo. Si es posible, al instante. Además y ¡albricias! Acuario puede darlo todo, al instante también. El síndrome de ser acuariano, es superar cualquier obstáculo para sentir que renovó aquello que " fue". Nosotros, los que no pertenecemos al signo de manera directa, sabemos que pueden ser innovadores y que tienen la capacidad de reformar lo reformable o de reformar lo que todos los demás consideran no reformable.

Acuario debe saber que de vez en cuando cansa a su pareja, a su familia, a sus amigos. Se sabe especial, se siente diferente, pero no siempre necesita demostrárnoslo. No, Acuario, no. Tú debes y puedes darte cuenta de esto, a veces con los golpes que la vida misma pone en tu camino y a veces dándote un poco de tiempo o de margen para calmar tus siempre presentes ansias.

Acuario tiene la capacidad de enloquecer a su pareja o a cualquiera, cambiando de manera de ser en un nanosegundo o en medio instante, pero, por favor, tengan en cuenta que ese mini-espacio de tiempo, para los nacidos Acuario tiene otra dimensión. Les puede parecer larguísimo a estos eclécticos del zodiaco. Yo creo que a veces su signo es más fuerte que su propio libre albedrío.

Y estoy absolutamente segura que la primera persona sobre la faz de la tierra que viajará en una máquina de tiempo será Acuario (si es que no la construye primero).

Urano, el planeta que rige a Acuario, es el gran conductor de todo lo eléctrico y lo ecléctico, las computadoras y las frecuencias. La fuerza de gravedad y las ondas. Los neutrinos y la aceleración.

El significado de los planetas en el lenguaje astrológico tiene mucho que ver con la asociación extrañamente azarosa de algunas palabras. El conocidísimo sicoanalista Jacques Lacan y el genial filósofo Wittgenstein basan sus máximas obras en ideas parecidas a este tipo de eslabón lingüístico, mitad emocional, mitad emotivo. Por ejemplo. El trazo de la órbita de Urano alrededor del Sol es errático; y todo lo relativo a Urano también es errático.

Será por lo mismo que Acuario, para hallarse, para ponerse de acuerdo con su propio camino, tiene que atormentarse. Para entenderse necesita consuelo de sí. Inventa. Investiga. Nos despierta porque se cuestiona. "Su tiempo" es el eje alrededor del cual se desarrolla toda la sicología de Acuario... con este signo nacen los analistas que logran separar un sólo objeto en varias partes, su espíritu los lleva a disecar un ser, una cosa o una idea".(Véase el *Diccionario astrológico* de Henri J. Gouchon).

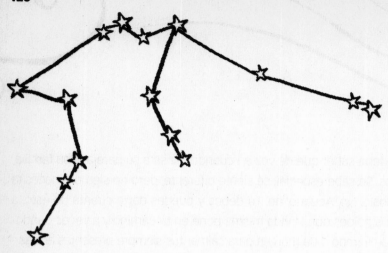

Para vivir un amor con Acuario o para que Acuario viva un amor, primero tienen que estar seguros de que la persona en cuestión realmente sea Acuario. Sucede que frecuentemente cambia la fecha precisa del comienzo y del final del paso del Sol por Acuario. En el año 2003, por ejemplo son del signo Acuario los nacidos entre el 21 de enero hasta el 19 de febrero. Pero en el 2005, la fecha exacta es del 20 de enero hasta el 18 de febrero. Parece que Acuario escoge a sus súbditos y habrá que consultar con un buen astrólogo, un calendario astrológico o unas efemérides alemanas en el internet (los alemanes son realmente mejores por exactos). En segundo lugar el Acuario necesita la libertad de ser y hacer las cosas a su manera, aunque estemos en desacuerdo. No hay modo de hacerle ver la vida bajo otro punto de vista, además de que le aburriría y esa palabra es su peor enemigo. Su independencia es su mayor tesoro y quien no entienda esto le hará sentir que la vida con esa persona es imposible. Por lo mismo, algunos Acuarianos se pierden durante alguna época en la búsqueda de paraísos artificiales o se enamoran justamente de la persona inadecuada o de la idea más alocada del momento.

En las malas, Acuario es una especie de sabio callejero y en las buenas puede llegar tan lejos como lo hicieron Krishnamurti, Julio Verne, Karl Marx y Lord Byron. Algunos de los fenomenales ejemplos de lo que este signo puede aportarle a una mente genial. Y, si Capricornio es el signo más indispuesto a permitirse locuras o interesarse por la astrología, los nacidos bajo el signo de Acuario son indiscutiblemente los más interesados y los que más llamadas hacen a las radiodifusoras cuando las líneas se abren al gran público.

Urano tarda 84 años en darle la vuelta al Sol y dura aproximadamente siete años en cada signo del zodiaco. El 12 de marzo de 2003 cambia de signo. De Acuario pasará a Piscis y esto vislumbra grandes cambios en la vida de los nacidos bajo el signo de Acuario. El 27 de mayo del 2010 entrará al signo de Aries, pero el cambio de su signo "madre" al signo siguiente puede ser bastante interesante para el mundo en general. Es posible que el lado humanitario que cada cual cargamos en el alma sea un factor regenerativo para bien del planeta. Y espero que todos tengan bajo el brazo a alguien o algo en que "creer", porque seguramente lo vamos a necesitar. Acuario, quien tan bien entiende la necesidad de un cambio, podría ayudarnos a soportar lo que vendrá y a convertir cualquier dificultad en algo aguantable.

MITOS

En la astrología existe una constante referencia a la mitología. Y preguntarse cuál de las dos artes, la astrológica o la mitológica fue anterior a la otra, es parecido a preguntarse "¿qué fue primero, el huevo o la gallina?".

La astrología es un idioma simbólico, un intercambio entre el hombre y su universo, algo que podría parecerse a lo que G. Bachelard llamaba "metafísica instantánea". Los arquetipos que se encuentran dentro de los mitos o los patrones universales de todos los mitos y la mayoría de los símbolos, son un legado del hombre al hombre. En la evaluación moderna de los mitos antiguos, estas historias son "puestas en escena" para lograr aprendizajes profundos y ejemplos válidos. Para entender esto desde un punto de vista filosófico tendríamos que referirnos a los trabajos de Joseph Campbell. Cualquiera de sus libros nos lleva casi de la mano hacia una compresión aún mayor, para amar un poco mejor la mitología. Un ejemplo perfecto de esto sería la lectura de *El héroe de las mil caras* en donde el autor describe elementos tan estructurales que pareciera evocarnos un plan maestro de mejora personal. Citado con frecuencia como el mejor libro de todos los de Joseph Campbell, él mismo dice: "sea el héroe ridículo o sublime, griego o bárbaro, cristiano o judío, su viaje varía poco dentro del marco de su plan esencial. Las historias populares representan la acción heroica como algo físico; las relaciones más complicadas nos muestran sus hazañas como algo moral; sin embargo, se encontrará poca variación en la morfología del aventurero, en los tipos de carácter involucrados, en las victorias ganadas". Nada mejor para Acuario que una aventura con finales a escoger, porque de esta manera afirma su propia existencia y evidentemente podrá amarnos más aunque a veces se sienta renuente a hacerlo, una vez que aprende cómo, habrá encontrado una cima excepcional.

A Ganímedes, tan bello que fue raptado por Júpiter, se le confirió el trabajo de repartir el néctar y la ambrosía entre los dioses. El padre de Ganímedes se llamaba Tros, rey de Troya, y su angustia por la pérdida de su hijo fue tal, que pensaban sus familiares que no podría soportarlo. Entonces Júpiter le hizo ver al padre que a su hijo lo había (además) convertido en constelación para ser admirado eternamente. Acuario, otrora llamado Acuarius o el aguador, funda en estas historias la reputación sobre sus propiedades nutritivas, y la ambrosía que repartía Ganímedes tiene hasta hoy día fama de ser "la bebida de la inmortalidad".

Mucho se ha hablado en la historia sobre la ambigüedad de la sexualidad de Acuario. Más bien podría decirse que Acuario es el más andrógino de los signos, esto porque Urano, planeta que permite todo y quiere que todo sea, le confiere la importancia que tiene para el humano la solidaridad colectiva, le permite a Acuario decir que sí, antes que decir que no. Y posteriormente, querer un poco más de lo que pudiera parecerle un logro nuevo.

EL ESPEJO DE ACUARIO

Los estudiosos del universo, donde figuran los astrofísicos y astrónomos, entre otros, se han dado cuenta recientemente que nada es como parece y que hay más misterios que estrellas en el cielo —aunque ya sepamos muchísimas cosas. No se sabe con precisión de qué está hecho el universo y aunque los cuatro elementos griegos aún se defienden, una de las últimas novedades científicas es el encuentro con la energía del vacío. Se estima que dos terceras partes del universo están constituidas de esa sustancia que sigue siendo un misterio. Sabemos que "está" pero no sabemos cómo ni qué es realmente.

¿Será esto como el amor?

Sería maravilloso imaginarnos que todo lo que desconocemos es amor, en partículas infinitamente pequeñas. Que tal si precisamente esas dos terceras partes del universo son partículas de "más amor, flotando".

Y quién mejor que un nacido bajo las locuras de Acuario para respaldarme.

...Tres, dos, uno. Ese extraño conteo para atrás que se hace cuando se lanzan naves espaciales hacia lo más negro del espacio o al infinito no es algo inventado por científicos de la NASA. La cuenta regresiva fue un invento del cineasta Fritz Lang para una de sus obras maestras, *La mujer en la Luna* (*Frau im Mond*), estrenada en 1928. Este tipo de cuentas le convienen mucho a Acuario, quien bien podría pedirte en matrimonio antes de saber si su amor es correspondido. O puede jurar amor eterno sin conocer aun a quien lo promete, pero sabe con seguridad que la persona esperada está allí.

Reconocer las interconexiones humanas además de anticipar lo que pudiera suceder entre ellas es una fuerza innata de todo Acuario y si tú eres Acuario y todavía no te has dado cuenta de tu potencial para desarrollar esto, pierdes tu tiempo.

Prometeo también tiene mucho que ver contigo, Acuario. Prometeo el escultor y uno de los primeros estudiosos del fulgor de los dioses. Prometeo quien le regaló al hombre la fuerza del león, la ferocidad del tigre, la astucia del zorro, la timidez de la liebre, la vanidad del pavo real y otras maravillas que mucho bien te haría conocer. A través de sus hazañas aprenderás mucho más sobre lo que tú puedes darle a quien lo necesite y si te va muy bien, también sobre lo que puedes pedir para conseguir ese poco más de amor sereno.

$$\text{♈ ♉ ♊ ♋ ♌ ♍ ♎ ♏ ♐ ♑ ♒}$$

La decisión de poner a buen uso la idea que "Aries bajó del cielo", la tomó Tauro y la expuso a su manera. Todos entendieron y se sintieron mejor. Pudo así Tauro explicarle a los demás signos cómo disfrutar con un propósito que se convirtió en un poco más de amor.

Géminis fue quien les mostró, de qué manera comprobar que la curiosidad impera, y gracias a sus finos consejos, todos entendieron cómo investigar para hacer un poco más felices a sus seres amados.

Después Cáncer se transformó para poderse desarrollar mejor. Cáncer puede convertirse en lo que quiera para complacer a su pareja, lo importante es que realmente lo desee. La fuerza de Cáncer reside en convencernos que hablemos con nuestra propia alma.

Leo embellece todo y debemos dejarnos llevar por sus consejos para lograr tener un poco más de amor con todo su esplendor. ¿Y Virgo? Virgo, con soberbia, permite hacer la pregunta adecuada para que los demás se cuestionen solos y lleguen a la conclusión de que todos deben querer un poco más a quien tienen enfrente. ¡Gracias Virgo!

La participación de Libra es hacerles ver a Aries, Tauro, Géminis, Cáncer, Leo, Virgo, Escorpión, Sagitario, Capricornio, Acuario y Piscis que lo que no se refleja, es lo *más* importante de uno mismo. Para *verse*, tiene que haber dos.

Es decir, tener un poco más de amor, implica verse mejor.

Escorpión pone la muestra de que el ying y el yang funcionan como una entidad, siempre y cuando la transformación se haga sin romper los tabúes del de enfrente. De cierto modo Escorpión nos libera con su ejemplo.

Sagitario hizo que nos diéramos cuenta que existe alguna razón en todo lo que nos sucede. Nos regala bondad para que nosotros podamos a la vez repartirla y nos permite creerle a quien nos dice "quiero quererte un poco más", aunque no sea cierto.

Capricornio nos regala la sabiduría que necesitamos para continuar amando. Capricornio tiene que aguantar mientras nos equivocamos para ponernos el ejemplo y ayudarnos a conquistar ese poco más de amor para la eternidad.

Acuario nos permite conocer el altruismo y aunque la palabra se define como diligencia en procurar el bien ajeno a costa del propio, también significa estar en paz con uno mismo porque "uno ama y se deja amar". Acuario nos ayudará siempre a sentirnos bien cuando el cuerpo lo pide, si el de enfrente también está complacido.

Piscis

Neptuno

febrero 19 - marzo 20

"Dime y posiblemente olvidaré. Muéstrame y posiblemente me acordaré. Involúcrame y comprenderé".

Proverbio chino

Lo repito una y otra vez. Piscis existe para mostrarnos que debemos seguir, continuar, tener fe y sentirnos uno con el universo. Puede ser fabricante de ilusiones o perderse en ellas. Pero el lugar de Piscis, escogido específicamente entre todos los signos como el último de los doce símbolos astrológicos, demuestra que la vida siempre continúa, que puede haber desesperación pero nunca debe haber desesperanza y que aunque Piscis puede confundirse dentro de su propio elemento (que es en realidad la vida) gracias a él todo vuelve a comenzar. En el *Diccionario de símbolos de los mitos, sueños, costumbres, gestos, formas, figuras, colores y nombres* se dice que Piscis "es a la vez salvador e instrumento de revelación". Y si nos vamos tantos años atrás que no los podamos siquiera contar, vemos que en el sánscrito y en las religiones sirias, Piscis es a quien se le atribuyen las virtudes de los dioses del amor.

En China, el pez es el símbolo de la suerte. Suerte y amor que se unen en la quinta casa del horóscopo occidental. Allí, a 120 grados del ascendiente se encuentra el área llamada "de la suerte y del amor". En cambio, a 180 grados del ascendiente está la séptima casa, donde se esconden las mágicas fórmulas que envuelven a las asociaciones y al matrimonio. En el lenguaje astrológico, ambas cosas difieren. El matrimonio es un contrato, mientras que el amor es un accidente cósmico que a veces llega a ser infinitamente mejor de lo que uno pudo haberse imaginado, en ocasiones una bomba de tiempo o repentinamente lo que te hace sentir que todo vale la pena. Sobre todo si eres Piscis.

El horóscopo más antiguo que existe en un museo occidental, es de un niño que nació bajo el signo de Piscis (1° de marzo) en el año 142 antes de Cristo. Existen algunas reproducciones de cartas astrales orientales de hace más de tres mil años, pero para nosotros son ilegibles. Este horóscopo, el del infante del último signo astrológico del zodiaco, puede ser consultado en el

Museo Británico bajo el número BM35516 y tiene dibujadas las posiciones del Sol, la Luna y los planetas a la hora del nacimiento del pequeño.

No se sabe quién fue el sujeto, su nombre está borrado, pero al lado del dibujo hecho a mano por un conocedor de las estrellas y de los efectos que estas pudieran tener, está un claro diagnóstico (hasta la época de la inquisición, casi todo astrónomo era también astrólogo). Comienza diciendo: "Tuvo suerte de nacer Piscis..."

Para tener esa suerte, se tiene que nacer entre el 20 de febrero y el 20 de marzo.

Dicen las leyendas que la madre tierra (Gaia) hizo aparecer el peor de todos los monstruos jamás visto por "hombre o dios alguno": Tifón. Gaia quiso castigar a los dioses por sentirse tan seguros de sí y ella misma le dio vida.

Afrodita y su hijo Eros se tiraron al río Éufrates y se salvaron (¿quizá porque los mismos dioses así lo quisieron?) creyendo que se convertirían en peces, ya que los peces eso les habían prometido. Maravillosa sorpresa, los peces cumplieron su cometido y los llevaron montados en su lomo hasta el cielo, evitando que madre e hijo se quedaran bajo el agua y perecieran. Entre los héroes de este mito y los dioses, se pusieron de acuerdo para que brillaran por siempre durante todas las noches.

En una historia similar, pero repetida por los romanos, suceden las mismas cosas a quienes en esa época, un poco más reciente, se les llamaba Venus y Cupido.

"El universo no es solamente más extraño de lo que suponemos, sino que es mucho más extraño de lo que podríamos suponer" dijo J.B.S. Haldane (1892-1964), uno de los primeros difusores de la ciencia, es quien podría decirnos lo que verdaderamente sucedió, lo que hizo que a Piscis se le estime tanto o la razón por la cual Eros siempre llevará a Piscis de la mano en los anales de nuestra memoria colectiva. "Me estas oyendo, Piscis" les diría mi admirada Paquita la del Barrio, si estuviera cantándoles, porque hay demasiados Piscis que no están enterados, a sus años, de lo bien que puede hacerles el erotismo, lo erótico, la sensualidad que tiene hasta su propio asteroide, llamado por

supuesto EROS, el número 433 en ser descubierto y el cual concretiza la vitalidad y la pasión del conjunto de tendencias e impulsos sexuales de una persona. Todo signo debe ponerse en contacto con Eros, pero Piscis debe ser gran maestro o maestra en el asunto y no dejar de instruirse en ello. ¿Cómo? Leyendo, hablando con tu pareja y dejando ir tu imaginación que es mucho más grande de lo que cualquiera puede imaginar.

Piscis debe hacer un esfuerzo por excitar su apetito sexual, lo mínimo se convertirá en lo adecuado y cuando su vida sexual tiene lo adecuado, el amor funciona. Para Piscis con mayor razón que para cualquier otro signo. Y todos los demás signos deberíamos tener algún Piscis en nuestra vida que pudiera ayudarnos a orientar nuestra propia sensualidad o erotismo de manera sana.

Tan involucrado está el signo Piscis con el agua, el mar y la suerte, que Manilus, el gran poeta romano de la antigüedad habla del "alma engendrada por los dos peces (Piscis) y su relación con el mar". Yo siempre aconsejo a los enamorados de este signo ir a un lugar de mar antes de jurarse amor eterno, pues es allí donde se recarga el alma de que tanto habla el poeta de *Astronómica*, un poema que dejó inconcluso sobre la astronomía y la astrología en el primer siglo después de Cristo. En los 4000 hexagramas que escribió Manilus, relaciona la mitología con las facultades de autoconocimiento.

MITOS

"Hace muchos años, habíase una vez..." y con esto, corre cámara o se levanta el telón. Comienza, sigue o se planea la historia que cada quien quiere contarse, que lleva por dentro; el cuento de cada uno de nosotros —sin fijarnos por el momento en uno o en otro signo astrológico aunque sea este el capítulo de Piscis. Cabe decir que este signo tiene a Neptuno como regente de su signo. Y don Neptuno es algo muy especial.

Poseidón y Neptuno son los amos de los mitos para Piscis. Muchos de los mitos antiguos tienen que ver con el agua; de allí surgen sus dioses y sucede una gran variedad de historias dentro del agua. Alguien mira su reflejo en el agua y cambia su vida; en otra ocasión una bella se está bañando y alguien

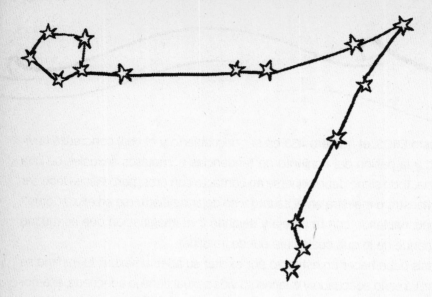

se prenda de ella a tal grado que cambia el curso de su propia historia y, en la lejanía de la milenaria Sumeria, se contaban las fechorías de Tiamat, la creadora del agua salada y Aspu, dios varonil de las aguas dulces. El hecho es que la vida surgió del agua y tanto nuestros mitos como nuestro acercamiento a su esencia los cargamos en nuestro interior. Así como el misterio del porqué de la forma de la bóveda celeste se parece tanto a la bóveda del cráneo.

Piscis, misteriosamente tiene un gran don para hacer "sus" cosas en el momento adecuado. Quizás el misterio de Neptuno lo ayude, ya que el día es de 18 horas sobre ese gran planeta, aunque tardaríamos 165 años en darle la vuelta al Sol si viviéramos en él. Contando en años de 365 días, es decir años terrestres, 30 años neptunianos serían equivalentes a 4950 de nuestros años. La diferencia entre una cosa (sus días) y otra (sus años) es tan disímbola que su energía tiene que ser como ese "gato con los pies de trapo y las patas al revés". Los Piscis, invariablemente, tienen algo de esto. Son los dueños de un tiempo preciso que existe y funciona de maravilla, pero ellos y ellas (los nacidos Piscis) no ven las cosas de la misma manera que los demás. Ni la noche ni el día ni mucho menos el amor.

Posiblemente lo mejor que nos puede pasar a todos es tener un amor signo Piscis, aunque, para Piscis, amar es difícil y contradictorio, porque Piscis se entrega de tal forma que se pierde.

Esto no quiere decir de ninguna manera que no pueden amar, o ser felices al hacerlo. Pero sí quiere decir que saben ser víctimas en el amor. En pequeñeces o en grandes rasgos, cada Piscis sabrá qué escoger para redondear su gran historia personal. Aman sin egoísmo y les cuesta ponerle límites al ser amado. ¡Para los demás, son perfectos!

Poseidón es el nombre griego de Neptuno y fue el dios del mar. Nacido de la unión entre Saturno y Rea, tenía por hermanos a Júpiter, Plutón, Ceres, Vesta y Juno. A Saturno también se le llama Cronos y cuando éste fue despojado de su trono, el resto se repartió el botín. A Plutón le tocó el infierno, a Júpiter el cielo, la tierra y el Olimpo, y a Poseidón le tocó el mar.

Los hermanos no estaban de acuerdo con su parte y por pendencieros varios fueron expulsados del Olimpo, entre ellos Neptuno quien fue enviado a la tierra a trabajar. Se casó y fue tan infiel como sólo los dioses se permiten serlo y pudo convertirse en lo que quiso para conquistar a quien deseó.

Piscis pudiera ser el contenido redoblado, el contenido en sí mismo, el ser dentro del ser. Tiene dobles facetas siempre. Puede amar y odiar al mismo tiempo y jamás te darás cuenta. Tal vez te des cuenta cuando sepas que ama a otra persona. "Poseidón, el dios, es un ser extraño, misterioso y lleno de contradicciones" dice Joelle de Gravelaine en su libro *Dioses y héroes del zodiaco*. "Por esto, es maestro de lo que fluye, de las ilusiones y también de las incertidumbres, de la intuición, de la premonición y de la inspiración poética".

Poseidón está ligado a todo lo que continúa, y por la misma razón Piscis debe impulsarnos a continuar nuestra propia historia. Es el número doce de los signos, pero los signos continúan dando vueltas sobre un eje (cada cual tiene su propio eje) y pasa el día y la noche, los meses y los años, y todo continúa para que de cierto modo todo quede igual.

Los mitos están allí para que entendamos que podemos hacer cualquier cosa para que yo, tú, nosotros, vosotros y ellos tengan siempre, un poco más amor.

EL ESPEJO DE PISCIS

"Dividido en dos partes, yo creo."
Devi Bhagavata

Piscis puede, literalmente, morir de amor. Pero tengan en cuenta que Piscis sufre porque cuando no ama ya no cree en nada; necesita dividirse en dos para ser.

Dicen algunos libros que Piscis es el signo más neurótico de todo el zodiaco mezclado con sensibilidad, imaginación, intuición y algo más. Piscis es el signo que le regala empatía a sus habitantes. Empatía como cuando hay una repentina identificación mental y afectiva de alguien con el estado de ánimo de otro. Como cuando sabemos con una mirada que 1+1= 2.

Piscis necesita adueñarse de su libertad todos los días, poco a poco; como dice la vieja canción argentina: paso a paso. Y Piscis es quien puede lograr esto con brío: a veces cuando dice cosas inverosímiles como "pásame la mermelada" (en lugar de pararse a tomarla para no molestar) o cuando trata asuntos de regular importancia como: "págame esto o aquello, por favor"; y en momentos únicos como: ámame, tómame, déjame (de nuevo, como título de canción, esta vez mexicana). Lo importante para Piscis es que al verse en el espejo encuentre el reflejo que sea realmente suyo, no de otra persona que está describiendo justamente lo que Piscis quisiera escuchar o evitar. Piscis debe sentirse con la libertad total de afrontar lo que ve y considerarse orgulloso de ello. Con toda la extensión de la palabra orgullo: soberbia, inmodestia, altanería, desdén, tufos, suficiencia, ufanía, pretensión, honra, satisfacción y gozo. Esto es lo que ayudará a Piscis a reacomodar su pasión (o sus pasiones), atreverse a vivirla y ser quien debe ser: alguien que "ya consiguió ese poco más de amor, pero está dispuesto a dar o a recibir aún más". No simplemente "un poco" más. ¿Por qué? Porque Piscis debe aprender a sentirse con la seguridad de merecerlo, y exigirlo no debe costarle ningún trabajo, mucho menos causarle pena.

¡Me das más, porque lo tengo supermerecido!

Neptuno lleva bastante tiempo en el signo de Acuario, pero para el mes de febrero del ahora lejano año de 2012, entrará a su "casa matriz". Entrará a Piscis. Esto será bueno para el mundo y excelente para los nacidos bajo los estragos de éste inigualable doceavo signo. Las condiciones positivas se verán con mayor evidencia y de manera tangible, categórica y fuerte. Se sentirá la comprobación de toda la fuerza del signo; como ejemplo habrá más amor repartido. Piscis seguirá siendo el último del zodiaco pero quizás el de mayor relevancia. Piscis para entonces inspirará a quienes merecen inspirarse y toda poesía será bienvenida. Desde "la dicha es mucha en la ducha" (¿encontraremos una solución al terrible problema del agua?), pasando por Gabriel García Márquez quien alguna vez dijo que "el coito es una especie de apoplejía" (¿se sentirá Piscis totalmente satisfecho con cualquier tipo de locura o elixir de amor? —algo que bien le conviene).

De Neruda, un canto de amor que comienza diciendo: "Me gusta cuando callas porque estás como ausente" (libertad total, amor infinito); o de Albert

Einstein (todos los autores en este párrafo son signo Piscis, incluyendo al gran científico): "qué gran convicción de la racionalidad del universo y cuánta añoranza por comprenderlo [...] Kepler y Newton deben haber tenido que pasarse años de labor solitaria desenmarañando los principios de la mecánica celestial [...]. Ese sentimiento cósmico religioso que le da al hombre tal fuerza".

Tales ideas, pensamientos, palabras, son los que deben imperar cuando Neptuno se encuentre mecido en su cuna, Piscis. Para esto, hay que estar preparado y, si Piscis nos regala un poco más de su amor, será como un trato hecho. Para hoy, para mañana, y para todas las semanas por venir.

$$\text{♈ ♉ ♊ ♋ ♌ ♍ ♎ ♏ ♐ ♑ ♒ ♓}$$

La decisión de poner a buen uso la idea que "Aries bajó del cielo", la tomó Tauro y la expuso a su propia manera. Todos entendieron y se sintieron mejor. Pudo Tauro así explicarle a los demás signos cómo disfrutar con un propósito que se convirtió en un poco más de amor.

Géminis fue quien les mostró, de qué manera comprobar que la curiosidad impera, y gracias a sus finos consejos, todos entendieron cómo investigar para hacer un poco más felices a sus seres amados.

Después Cáncer se transformó para poderse desarrollar mejor. Cáncer puede convertirse en lo que quiera para complacer a su pareja, lo importante es que realmente lo desee. La fuerza de Cáncer reside en convencernos que hablemos con nuestra propia alma.

Leo embellece todo y debemos dejarnos llevar por sus consejos para lograr tener un poco más de amor con todo su esplendor. ¿Y Virgo? Virgo, con soberbia, permite hacer la pregunta adecuada para que los demás se cuestionen solos y lleguen a la conclusión de que todos deben querer un poco más a quien tienen enfrente. ¡Gracias Virgo!

La participación de Libra es hacerles ver a Aries, Tauro, Géminis, Cáncer, Leo, Virgo, Escorpión, Sagitario, Capricornio, Acuario y Piscis que lo que no se refleja, es lo *más* de uno mismo. Para *verse*, tiene que haber dos.

Es decir, tener un poco más de amor, implica verse mejor.

Escorpión pone la muestra de que el ying y el yang funcionan como una entidad, siempre y cuando la transformación se haga sin romper los tabúes del de enfrente. De cierto modo Escorpión nos libera con su ejemplo.

Sagitario hizo que nos diéramos cuenta que existe alguna razón en todo lo que nos sucede. Nos regala bondad para que nosotros podamos a la vez repartirla y nos permite creerle a quien nos dice "quiero quererte un poco más", aunque no sea cierto.

Capricornio nos regala la sabiduría que necesitamos para continuar amando. Capricornio tiene que aguantar mientras nos equivocamos para ponernos el ejemplo y ayudarnos a conquistar ese poco más de amor para la eternidad.

Acuario nos permite conocer el altruismo y aunque la palabra se define como diligencia en procurar el bien ajeno a costa del propio, también significa estar en paz con uno mismo porque "uno ama y se deja amar". Acuario nos ayudará siempre a sentirnos bien cuando el cuerpo lo pide, si el de enfrente también está complacido.

Debemos quererte mucho Piscis. Todos. Porque tú eres quien nos da la muestra de que dando un poco más de amor no necesitamos más. Si logras expresarte como debes, todo el tiempo estarás dando ese "poco más de amor" aunque no te lo pidan. Y además, te emocionas. Si logras vivir tus propias fantasías pides poco de vuelta. Y todo comienza de nuevo y volvemos a amar. Y de nuevo te lo vamos a agradecer. Tu elemento es el agua de los océanos, profundos y silenciosos. Tu amor es universal. Tu don es amar al prójimo más próximo. Te lo agradecemos.

ÍNDICE